HAND BOOK

認定支援機関 実務 ハンドブック

経営革新等支援機関推進協議会
エグゼクティブプロデューサー
小寺弘泰 ［著］

第3版

一般社団法人 金融財政事情研究会

第3版まえがき

　本書もいよいよ第3版の刊行となりました。初版から有名書店のセールスランキング上位を飾り、第2版では大手ECサイトでの部門別で上位にランクインするなど、継続した販売実績があがっており、感謝にたえません。

　私が株式会社エフアンドエムとともに立ち上げ、運営している経営革新等支援機関推進協議会は、会計事務所等からなる認定支援機関の任意団体です。その会員数は、初版執筆当時は約600事務所、第2版では1,000事務所、第3版執筆現在は約1,500事務所の参画を展望する状況です。全国の認定支援機関の数も増加しているのですが、より積極的に顧問先の経営支援をしようという意識の高い会計事務所が参画されており、会員事務所の実績も飛躍的に向上しています。

　会員の先生からも、「まだ第3版は出版しないのか」「初めて事業再構築補助金の採択を受けたが、これからどのような手続の流れになるのか」などのお言葉をいただき、中小企業支援施策が拡充、創設されるごとに、本書のような実務書籍に対する新たなニーズが生まれることをあらためて認識しました。

　また、先日初めてお目にかかった中小企業診断士の先生が、本書第2版を私の目の前に出され、「当社では、これが補助金の入門書だといって社員に皆もたせている」と話されるのを聞き、驚嘆、感激しました。何の資格もない、地方銀行出身の自

分が、専門家の先生が手に取る書籍を執筆できるとは、いまだに信じられない気持ちです。

　第3版のセールスポイントは、何といっても事業再構築補助金です。執筆段階ではちょうど第1回公募の採択発表があり、その結果を分析し、いくぶんかの傾向と対策を本書に織り込むことができました。同補助金はまだ数回の公募が残っていますので、本書が何とか同補助金申請のお役に立てることを願っております。

令和3年6月

第2版まえがき

　平成31年1月に刊行された本書の初版は、おかげさまで刊行当初から有名書店のセールスランキング上位を飾りました。私としては初の著作であり、実際に書店にて「今週のランキングベスト5」という本棚に飾られている様子をみて、本当に感激しました。現段階で5刷となり、自分が思っていた以上の販売部数となりました。

　私が株式会社エフアンドエムとともに立ち上げ、運営している経営革新等支援機関推進協議会は、会計事務所等からなる認定支援機関の任意団体です。その会員数は初版執筆当時は約600事務所であったのに、現在は約1,000事務所の参画を展望する状況です。

　ご参画いただいた税理士先生のなかからは「『認定支援機関実務ハンドブック』を読んだことをきっかけに経営革新等支援機関推進協議会に入会した。こうした実務本がなかったので本当に助かった。認定支援機関の業務のイメージがつかめた」という声を多くいただきました。これは、私が本書を執筆しようと思った最大の動機の1つでしたので、その目的が達せられたことをうれしく思います。

　令和2年度の国の中小企業支援施策は拡充され、かねてから要望のあった補助金の通年公募が採用されるなど使いやすくもなりました。同時に認定支援機関の関与が求められる場面も広

がっています。とりわけ、「事業承継時の経営者保証解除に向けた支援スキーム」など事業承継関連の政策には注目すべきものがあります。そこで、第2版では初版の第4章「事業承継」の内容を大幅に改定し、第5章「金融支援」については金融検査マニュアル廃止後の地域金融機関に求められる金融支援のあり方を提言してみました。また、全体を見渡し、古くなった情報を刷新しました。

　当ハンドブックが引き続き、会計事務所と金融機関の方々によって、中小企業の経営支援の現場において専門的な目線合わせを行いやすくする触媒として活用されることを期待しています。

令和2年3月

初版まえがき

　私は岐阜県大垣市出身で、大学卒業後の平成3年に岐阜県に本店を置く、大垣共立銀行に入社しました。銀行員時代の担当業務はずっと営業職でした（金融機関では営業職を渉外係とか得意先係と呼んでいます）。銀行を辞めたのは平成12年です。その少し前に日本長期信用銀行や北海道拓殖銀行が破綻しました。金融不安によって多くの銀行マンが証券会社や生命保険会社に転職をした時代でした。

　当時は確定拠出年金制度の黎明期で、私はそうした新しい企業年金の制度設計や資産運用の指南業務を担うコンサルティングを目指しました。でも、社会保険労務士の資格があるわけでもなく、また資産運用のプロでもないので、顧問先がまったく獲得できず、勢いよく銀行を飛び出た自分の自らへの過信を深く反省しました。

　そんな暗い顔をしていたときに、銀行員時代、自分が担当していた印刷会社の社長さんから、「あなたは社会からみれば、単なる地方銀行の営業職を務めただけの人間にすぎない。その人間が専門的なコンサルタントなんて言い出しても、誰も信用しない。「単なる銀行出身の人間ですが、何かお手伝いすることがあればやらせてください」という謙虚な姿勢に変えてみてはどうか。まずうちの会社で練習すればいい。机を1つただで貸してやるから、うちの資金繰りを管理して、番頭さんとして

銀行さんとの対応をしてみたらどうか」というお声をかけていただきました。

　簿記の知識もない自分が番頭なんてできるのかなと思いながら、実際に仕事を始めてみると、経理の実務や決算に係る会計業務はチンプンカンプン。でも何か役に立たねばと、資金繰りを把握して、融資を受けるために早めに銀行に資金計画や現状の事業説明を行って資金準備、また投資案件があるときは銀行員目線で保守的な計画を立てるなど、自分がいまできることを恩返しの意味も含め精いっぱいやろうと決め、実行しました。

　当時感じたのは、取引銀行も私が銀行出身であることで、融資取引が進めやすいと感じている効果もあるのだということでした。金融機関職員の立場からいえば、財務の開示の必要性や事業計画、資金計画の有効性の評価について、経営者に理解させることはなかなかめんどうなところがあります。当時の私はそうした金融支援の触媒のような役割を担ったといえるのかもしれません。「でも、その仕事は銀行員なら常識的なことなのだが」と思いながら……。

　私はこの業務を当時、「番頭さん代行」と説明していました。印刷会社の社長は「この番頭さんの代行のようなモデルをたくさんの企業に広げていきなさい」と教えてくれました。その印刷会社の知人の経営者や銀行員時代の担当先にも「資金繰りと金融機関対応しかできないのですが……」という営業が自分でもびっくりするほど受け入れられ、さらには対応する金融機関の側からもたくさんの紹介をいただきました。

気づけば、自分でも信じられないくらいの多くのお付合いをいただきました。それが現在の自分の自信と誇りにもなっているのですが、こうしてお付合いが始まった数多くのお客様はいまも縁が切れることなくずっと契約をいただいています。それだけ、企業にとっては資金繰りと銀行融資への対応というのは重要な経営課題なのです。それは銀行を辞めて、はじめてわかったことです。

　こうして創業当時からの顧問先とお付合いを継続する一方で、平成22年4月から株式会社エフアンドエムとの業務提携を開始し、現在に至ります。株式会社エフアンドエムは中小企業と個人事業主の経営支援サービスをメイン業務とする大阪に本社を置く企業で、JASDAQに上場しています。

　エフアンドエム社と業務提携を始めたのは、同社が、財務コンサルティングをいかに充実させていくか、また金融機関との健全な関係を構築するコンサルティング手法をどのように確立していくかを模索されているなかで、それが当社と志を同じくする事業モデルであることから、意気投合したのがきっかけです。

　財務コンサルティングは、銀行と対峙するものではなく、銀行や金融行政の事情も理解しつつ、事業者に対して財務改善の必要性を理解してもらい、結果として最善の金融取引を目指すというスタンスが重要です。私の創業と同時期に、金融機関出身で財務コンサルティングの会社を立ち上げた人が多くいました。なかにはいかに融資を引っ張ってくるかだけを売り物に

し、調達した金額の●％を手数料として要求するといった（私自身これは違法だと判断しています）、半ば金融ブローカーのような事業モデルを標榜していたところもありました。残念ながらそういった同業の事業者は消えていきました。

当社とエフアンドエム社とが共通して目指したのは、金融機関からもご紹介がいただけるコンサルティングモデルでした。

エフアンドエム社との連携が進むなかで、当社が担う業務の中心が会計事務所等向けの財務コンサルティングの研修事業となっていきました。会計知識の乏しいこの私が公認会計士、税理士の先生方の前で、中小企業金融の実務を教える。銀行員時代には考えもつかなかった光栄な仕事です。いまでは全国約600事務所の先生方の前で研修を行っていますが、いまだに不思議な光景だなと、自分を客観視しています。

「何の資格もない地方銀行出身というだけの私が、専任講師でいいのでしょうか」とエフアンドエム社の幹部に尋ねると、「そのほうがいいんです。先生方も肩書や資格を掲げられるより、この分野をずっと専門にしてきたというコンサルタントのほうが安心するんです」といわれました。

そうこうしていると、平成24年8月より経営革新等支援機関（本書では認定支援機関として表記します）の制度がスタートすることとなりました。当社はこの認定制度に大きな関心と期待を寄せ、エフアンドエム社とともに積極的に参画することにしました。制度のねらいをみてみると地域金融機関と会計事務所等が連携して中小事業者の経営支援を行うということであり、ま

さにわれわれがすでに行ってきた業務と同じ目的だったからです。

　制度が始まると同時に、認定支援機関の実務を数多くこなし、その実務経験、ノウハウを他の会計事務所等に広げていく。このモデルの基盤が、われわれが立ち上げた経営革新等支援機関推進協議会です。

　平成30年度においてエフアンドエム社は全国1位の認定支援機関業務の実績をあげ、私がエグゼクティブプロデューサーを務める経営革新等支援機関推進協議会に参加する約600を超える会計事務所等の先生方も認定支援機関として実績を伸ばしています。当協議会のなかには、ものづくり補助金で申請20件中20件の採択を受けた会計事務所等もあります。最近では、認定支援機関制度に更新制が設けられ、国としては実績の「見える化」を指向しています。つまり実績をあげている認定支援機関とそうでない認定支援機関との差別化が進んでいくと思われます。

　本書を刊行するに至った理由は、まだまだ地域金融機関や会計事務所も認定支援機関としての活動の量を伸ばせる余地があると感じたからです。認定支援機関に求められる専門知識は補助金支援、M&Aなどの事業承継、中小企業金融に至るまで多岐にわたります。よく推進協議会の会員の先生や金融機関職員から「認定支援機関として必要な総合的な基礎知識が習得できる入門的な書籍はないか」と聞かれたのも大きなきっかけでした。

認定支援機関業務の現場にほぼ6年間従事し、いまなら、そのなかで蓄積できた実務知識やノウハウをより多くの認定支援機関業務に携わる人たちにわかりやすく伝えることができるのではないかという思いから、本書の刊行に至りました。地域金融機関や会計事務所の新人職員が、認定支援機関実務の入門書として本書を手にとり、同業務に関心をもつようになり、専門知識がないから踏み込んだセールスができないという無用な遠慮を取り払うことができれば、本書のねらいは達成されたことになります。

　本書の出版ができたのは、縁あってともに認定支援機関業務に携わったエフアンドエム社の森中社長はじめ同社すべての関係者と、たくさんの実務経験の機会をいただいた地域金融機関の方々、そして案件を共有しさまざまな検証、調査のきっかけを提供していただいた経営革新等支援機関推進協議会の会員の皆様のおかげと感謝しております。

平成30年12月

目　次

第1章	認定支援機関

第2章	補助金総論

第3章　補助金各論

第5章	金融支援

第 1 章

認定支援機関

Q1 認定支援機関制度が創設された目的は何ですか

金融機関と会計事務所等を中心的な担い手とするかたちで、中小企業に対してチームとして専門性の高い支援を行うためです。金融円滑化法の期限切れ後の金融支援継続を可能にするための経営改善計画の策定支援からスタートし、その業務が順次拡大されて現在に至ります。

■ 認定支援機関とは

　経営革新等支援機関（本書では認定支援機関と表記します）は平成24年8月施行の中小企業経営力強化支援法で創設されました。その目的は「金融機関、税理士法人等の中小企業支援事業を行うものを認定することで中小企業に対して支援の担い手の多様化・活性化を図るとともに、知識や経験のある専門家を活用し、中小企業に対してチームとして専門性の高い支援を行うための体制を整備」することにあるとされています。つまり、国の中小企業経営支援施策の活用が幅広く行われるように、その実行支援部隊として、金融機関と会計事務所等を中心にするかたちで認定支援機関制度が創設されたわけです。創設からの約7年間を振り返り、どのように認定支援機関の制度が展開してきたかを具体的にみてみましょう。

■ 経営改善計画の策定支援からスタート（平成24年）

　認定支援機関の業務は、経営改善計画策定支援事業（通称405事業、詳しくはQ56で解説します）からスタートしました。

　業績が悪化して返済を猶予したり、月々の返済金額を減額したり（これらを「リスケ」といいます）せざるをえなくなった企業への融資は、金融機関からみれば原則として不良債権とみなされるというルールがあります。ルールどおりにリスケ適用事業者への融資をすべて不良債権としてしまうと、金融機関の財務状況も大きく悪化します。そこで登場したのが、金融円滑化法（俗にいうモラトリアム法）です。これは事業者からの申出に対してリスケに応じる努力義務を金融機関に課し、その実績を監督当局に報告させるものでした。金融円滑化法の施行と同時に、リスケを適用している企業であっても、一定の要件を満たす「経営改善計画」を策定できれば不良債権とはみなさないというルールの適用範囲を拡大したのですが、この計画に必要な要件は財務のプロであるはずの会計事務所等に浸透しておらず、金融機関担当者が作成していたのが実情でした。

　金融円滑化法は平成21年12月に施行され、平成25年3月に期限を迎えました。平成25年に金融円滑化法の期限が来ることから、会計事務所等に正しい経営改善計画の策定方法を浸透させるべく認定支援機関の制度がスタートしたのです。事業者が認定支援機関の支援を受けて経営改善計画を策定し、金融機関からリスケを受けるためにかかる費用を国が補助するというもの

です。そのために平成24年度補正予算で405億円が措置されました。

■ 日本政策金融公庫、信用保証協会が有利な制度融資を創設

認定支援機関制度発足と同時に認定支援機関の指導、助言を受けた事業者は低金利あるいは保証人不要で借り入れることができる融資制度がスタートしました。

【中小企業経営力強化資金（日本政策金融公庫）】

低利率（通常の制度融資より金利を低めに設定）、無担保・無保証（審査によっては代表者の個人保証もなし）の制度融資です。認定支援機関が事業計画書の作成をサポートすることが条件となっています。創業間もない事業者も利用できるのが特徴です。

【経営力強化保証制度（信用保証協会）】

認定支援機関の力を借りながら経営改善に取り組む場合に、他の保証制度より低い信用保証料率を適用します（おおむね−0.2%）。金融面だけではなく、経営の状態を改善する取組みを強力にサポートするとされています。

■ ものづくり補助金がスタート（平成24年）

平成24年度補正予算のものづくり補助金からは、補助金申請にあたって策定が必要となる事業計画に認定支援機関の所見を付すことが必要となりました。ものづくり補助金とは、中小企

業の技術革新や新サービス開発を支援するために、経済産業省と中小企業庁が平成21年度からスタートさせた補助制度です。

平成24年度補正予算では1,000億円という大きな予算でスタート、補助額1,000万円を1万社近い事業者に利用させようという大規模な経済施策は大きな注目を集めました。地域金融機関にとっては融資の機会になることに加え、地域企業支援実績の主要なベンチマークとなっていますので採択件数を競い合う姿も増えてきています。

■ 事業承継にも業務範囲が拡大

その後も認定支援機関の関与が必要とされる補助金や税制優遇措置が拡大され、いまでは国の中小企業支援策のなかの多くで認定支援機関の関与が必要とされています（次頁の図参照）。このなかでも、とりわけ平成30年に開始した改正事業承継税制の適用を受けるために、認定支援機関の指導・助言を受けて「特例承継計画」を策定することが必要とされたことが重要です。

さらに、この特例措置を利用するためには、認定支援機関の関与が必要となったことから、認定支援機関の業務が事業承継に広がり、そのいっそうの活躍が期待されています。

■ 事業再構築補助金がスタート

令和2年度第3次補正予算から、コロナ災禍に苦しむ中小事業者を支援するさまざまな施策を打つなかで、これまでにない

〈認定支援機関を活用した中小企業支援〉

——補助金——	——資金繰り——	——優遇税制——
●ものづくり・商業・サービス経営力向上支援補助金 平成24年度補正（平成25年開始）	●経営改善計画策定支援事業 平成24年開始	●事業承継税制（改正） 特例承継計画平成30年4月開始
小規模事業者持続化補助金 平成25年度補正（平成26年開始）	●経営改善サポート保証 平成26年開始	所得拡大促進税制 平成21年開始（平成30年拡大）
創業補助金 平成24年度補正（平成25年開始）	●早期経営改善計画策定支援 平成29年開始	●商業・サービス業・農林水産業活性化税制 平成25年開始
●事業承継・引継ぎ補助金 平成29年度補正（平成30年開始）	●中小企業経営力強化資金 平成24年開始	中小企業経営強化税制 平成29年開始
IT導入補助金 平成28年度補正（平成30年開始）	●経営力強化保証制度 平成24年開始	中小企業設備投資促進税制　平成10年開始
省エネ補助金 平成26年度補正（平成27年開始）	新事業活動促進資金 平成17年開始（平成26年拡充）	●先端設備等導入計画 平成30年7月開始
●事業再構築補助金 令和2年度第3次補正（令和3年開始）		

(注)　●は認定支援機関の関与が必要な制度。
(出所)　経営革新等支援機関推進協議会作成

予算規模で事業再構築補助金が始まりました。同補助金の活用には認定支援機関の支援を受けて事業計画書を作成することが要件の１つとなっています。認定支援機関としてどのように関与すべきか、申請要件と採択に向けた審査のポイントを本書で解説します。

■ 金融機関、会計事務所等には認定要件を緩和

次頁の図のとおり、認定支援機関の登録者は金融機関と税理士・会計士が中心となっています（金融機関は数としては少ないですが、すべての銀行等の金融機関が認定を受けています）。この背景には、金融機関、会計事務所であれば、申請をすればほぼ

〈認定支援機関の状況〉

税理士・会計士	弁護士	民間企業	中小企業診断士	金融機関	商工会・商工会議所	その他
30,727	2,614	1,802	1,221	1,169	518	805

令和３年６月末時点の認定支援機関は合計で**38,856機関**
うち、**79.1％**(30,727機関)が**税理士・会計士**

（出所）　中小企業庁の資料より経営革新等支援機関推進協議会作成

　無条件で資格が認定されるという優遇措置があります。本来、
補助金支援や事業計画策定のプロである中小企業診断士やコン
サルティング会社は、数十時間に及ぶ研修を受けないと認定支
援機関になれません。この背景をもとに一気に会計事務所等の
登録が進みました。また、令和３年２月から「ものづくり・商
業・サービス生産性向上促進補助金」の採択企業への支援実績
も新規申請に必要な実績の件数として認められるようなり、認
定支援機関の資格認定の要件が一部緩和となっています。

Q2　認定支援機関には何ができますか

認定支援機関は、①各種補助金の申請、②優遇金利での資金調達、③経営改善計画の策定支援、④税制優遇措置の適用にあたり、中小企業を支援する役割を担っています。

■ 認定支援機関の関与が必要とされる国の中小企業施策

　令和3年6月現在で認定支援機関の支援、関与が必要とされる国の中小企業支援施策は次のようになっています。

①　各種補助金の申請

・ものづくり補助金

・事業承継・引継ぎ補助金

・事業再構築補助金

②　優遇金利での資金調達

・日本政策金融公庫の中小企業経営力強化資金

・信用保証協会の経営力強化保証制度

③　経営改善計画策定支援

・経営改善計画策定支援事業（通称：405事業）

　　計画策定にかかる費用の3分の2を負担…上限200万円

・早期経営改善計画策定支援事業

　　計画策定に係る費用の3分の2を負担…上限20万円

④ 認定支援機関の関与による税制優遇

・先端設備等導入計画

・経営強化税制（Ｃ類型）

・商業・サービス業・農林水産業活性化税制

・事業承継税制

　これらの補助金から税制優遇まで多岐にわたる中小企業の経営支援施策が、認定支援機関の関与がないと利用できないのです。それぞれの経営支援施策は、企業側に経済的なメリットをもたらします。そして認定支援機関は、支援業務の対価として報酬を受け取ってもよいことになっています。

　一方では、認定支援機関による以下のような〈不適切な行為の例〉が中小企業庁から公表されています。

・補助金申請に関与する際に、作業等に係る費用等と乖離した成功報酬等の費用を中小企業・小規模事業者等に請求すること

・認定支援機関であることを示しながら、補助金申請代行等のPRや営業活動を行うこと

・支援業務の実施に際して、金額・条件等の不透明な契約を締結すること

・支援業務の実施に際して、中小企業・小規模事業者等や関係機関等に対し、強引な働きかけを行うこと

■ 認定支援機関業務の現状と課題

　令和３年で認定支援機関の制度発足から９年が経ったわけで

すが、国は年を追うごとに認定支援機関の関与が必要とされる中小企業支援施策を拡充してきています。その結果、多様な経営支援ができる専門家が増えつつあるといってよいでしょう。

認定支援機関の主な担い手は会計士、税理士、金融機関であり、会計事務所が補助金知識を深め、金融機関職員も税制優遇への認識を高めるなど、認定支援機関業務には総合的な知識の向上がみられます。まだまだ一部の動きではありますが、中小企業に対する経営支援体制が拡充されたといってよいでしょう。

私は制度発足と同時に、株式会社エフアンドエムとともに幅広い認定支援機関業務を展開し、全国の会計事務所を中心とする経営革新等支援機関推進協議会の専任講師としてそのノウハウを提供してきました。そのなかで、補助金支援をきっかけに税制優遇につなげ、顧客獲得や地域金融機関と連携したさまざまな支援業務に成功している会計事務所が続々と誕生しています。

しかしながら、認定支援機関のなかには、登録はしたものの何もしていない機関も存在しており、国はそれを問題視しています。また、補助金の利用申請に関して支援はするものの、補助金を受給した後に義務づけられている補助対象事業の状況報告業務が放りっぱなしになっていたり、採択されやすい記述方法などのノウハウが先行して事業者の実際の取組みとかけ離れた申請をしたりする認定支援機関があることも問題視されています。

最近では、補助金を受給した後5年間の報告業務にもきちんと関与することや、実際に誰が計画作成のアドバイスをしたのかの記述を求めるなどの方策がとられるようになっています。また、平成30年7月から経営革新等支援機関の認定期間に5年の有効期間を設け、期間満了時にあらためて業務遂行能力を確認する更新制度が導入されました。更新時の主な確認項目は以下の3点になります。

① 　専門的知識

② 　法定業務を含む一定の実務経験

③ 　業務の継続実施に必要な体制

Q3 各認定支援機関の実績はどうなっていますか

認定支援機関の支援実績は公表されており、中小企業基盤整備機構の運営する活動状況検索システムで確認できます。

■ 地域金融機関の間で競争意識が高まる

国は認定支援機関ごとに、補助金支援や経営改善計画策定の支援実績の件数を把握しています。また、認定支援機関ごとの実績は、中小企業基盤整備機構の運営する活動状況検索システムで確認することができます。国としては今後、いっそうの認定支援機関の実績の「見える化」を推進し、差別化が進むように政策を講じています。

このように実績が公表されることから、地域金融機関同士で競争意識が高まりました。隣接する同クラスの地銀、信金の間で「ライバル機関に負けるな。1件でも多く採択件数をあげろ」と支援実績を拡大することが経営課題とされる場面もありました。

とりわけ、ものづくり補助金は予算規模も大きいので注目度が高く、採択となれば企業から感謝され、相応の融資案件にも結びつくので、地域金融機関はこの獲得に注力しました。認定支援機関ごとの採択件数は、金融機関が上位にきています。

〈認定経営革新等支援機関　活動状況検索システムの画面〉

認定経営革新等支援機関
検索システム

都道府県から探す

認定経営革新等支援機関検索システムでは、認定支援機関の情報を検索していただけます。

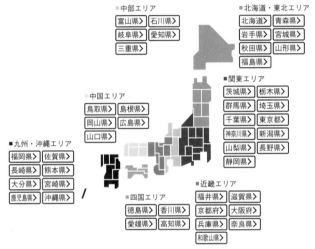

■中部エリア
富山県〉　石川県〉
岐阜県〉　愛知県〉
三重県〉

■北海道・東北エリア
北海道〉　青森県〉
岩手県〉　宮城県〉
秋田県〉　山形県〉
福島県〉

■中国エリア
鳥取県〉　島根県〉
岡山県〉　広島県〉
山口県〉

■関東エリア
茨城県〉　栃木県〉
群馬県〉　埼玉県〉
千葉県〉　東京都〉
神奈川県〉　新潟県〉
山梨県〉　長野県〉
静岡県〉

■九州・沖縄エリア
福岡県〉　佐賀県〉
長崎県〉　熊本県〉
大分県〉　宮崎県〉
鹿児島県〉　沖縄県〉

■四国エリア
徳島県〉　香川県〉
愛媛県〉　高知県〉

■近畿エリア
福井県〉　滋賀県〉
京都府〉　大阪府〉
兵庫県〉　奈良県〉
和歌山県〉

（出所）　中小企業庁

■ 当初の想定より大幅に増えた認定支援機関

　制度開始当初、国は認定支援機関の総数を２万件程度と想定していましたが、現在ではそれを大幅に上回る３万5,000件を超える数になっています。

　これまではひとまず支援者を広く募りましたが、今後は更新制度を通じて、実績をあげていない機関が更新手続をしないことを選択するなどして、総数が抑制されていくことが予想され

ます。認定支援機関業務の看板を下ろすと、顧客が国の各種中小企業施策の恩恵を受けることを支援できなくなり、顧客にとって機会損失になりかねません。何としても、認定支援機関としての登録は維持すべきでしょう。

　まだ実績をあげていない会計事務所等は、

・実績をあげやすい項目から手がけてみること（経営力向上計画作成支援や、先端設備導入計画の確認書発行等はお勧めの支援業務です）

・実績報告を求められたら、報告を怠らないこと

　を心がける必要があります。

Q4 認定支援機関の業務で気をつけるべきことは何ですか

補助金の申請において認定支援機関は申請を代行するのではなく、申請の支援をする立場にあること、申請支援と実行支援をセットで行うべきことを認識する必要があります。

■ 事業者主体の取組みの伴走者

補助金支援を扱う業者（ここでは補助金コンサルと呼びます）のホームページなどで、「補助金の申請代行」などという表現を見かけることがあります。この表現には、実は問題があります。

「代行」という表現は事業者の主体性が薄く、ともすれば事業者が補助金の申請を補助金コンサルに丸投げすることができるという誤解を招きかねません。認定支援機関の本来の役割は、事業者が主体となって取り組む経営革新や経営改善を客観的な立場で分析したり、表記方法をアドバイスしたり、計数計画を取りまとめたりするなどの伴走型の支援です。

詳しくは後述しますが、たしかに補助金申請を数多く扱っていると、どの種類の補助金にも共通する記述ノウハウや採択の秘訣が存在することに気づきます。それがわかっていれば、どんな補助金申請でも審査が通りやすい「型」にはめることが可能です。

このため、補助金コンサルが過去に採択された案件の申請書をコピーして配布し、使い回していたことが発覚し、その案件が採択後に取消しとなるという事件も発生しました。審査側では、こうした使回しや、事業者の自主的な取組みがみえにくい定型化された申請案件が容易に採択とならないよう、全国レベルで案件の突合せを行うなど厳格な対応を行っています。

仮に他の事業者と同じ種別の設備投資であっても、その投資には事業者固有の事情や工夫が存在します。個々の補助金申請の内容は他の申請と似て非なるものであり、1件1件の手づくり感覚で事業者と認定支援機関が協力して仕上げることが大切で、むずかしい仕事であるがゆえに相応の報酬が発生するわけです。

認定支援機関は申請書作成に事業者を参加させることはもちろん、他の認定支援機関に支援を委託する場合は、その認定支援機関が前述のような「代行業務」を行うような業者でないことを確認しておく必要があります。

■ 申請支援と実行支援をセットで扱う

認定支援機関業務の実態で最近特に問題視されているのが、補助金支援の入口だけ支援をして、後は放っておき、出口までは伴走しないという状況です。

補助金の支援は、数年にわたる長いお付合いとなります。補助金のおかげで儲かった場合には、その一部を国に返すというルールもあります。

ところが、「これまで国に補助金を返納した実例はほとんどないから、適当に書いておけば問題ないよ」という誤った通説が浸透しており、実は金融機関にもその傾向がみられました。その背景には、

・事業者が補助金受給を甘く考えている（受給までの報告業務も大変な作業です）

・認定支援機関に報告業務に必要な実務知識が不足している

・補助金支援の報酬設定の多くが採択に係る成功報酬であるため、入口で報酬をもらってしまうと、後は企業任せとなってしまいがちである

という状況があります。

　したがって、認定支援機関の報酬設定から見直す必要があるでしょう。補助金受給後、年に1度、数年続く報告業務などの実行支援をセットにした報酬プログラムが必要であるといえます。最近の公募要領では認定支援機関が申請者とどのような報酬を設定し、契約を結んでいるのかを記載するようになっています。

Q5 認定支援機関は補助金支援の報酬をどのように設定すればよいですか

補助金の申請ステージ、受給手続ステージ、報告ステージのうち、どの時点まで支援業務を行うのかを明確にして、業務内容にあった報酬を設定する必要があります。

■ 報酬の設定と負うべき責任

　認定支援機関がさまざまな支援業務を行うにあたって、どのように報酬を設定すればよいのかという質問をよく受けます。そこで、報酬の設定方法と業務内容のポイントを整理するとともに、一般的な報酬の水準を示します。

　補助金支援において報酬を設定できる時期は、下図のような補助金利用手続の流れに沿って3つのステージに分けることができます。

　報酬を設定する際には、これら①から③のどこまでの支援を

〈基本的な補助金利用手続の3つのステージ〉

応募 (申請)	採択	交付 申請	交付 決定	事業 期間	補助金 支給	事業化 報告
①申請手続ステージ		②受給手続ステージ				③報告ステージ

(注)　小規模事業者持続化補助金、省エネ補助金、IT導入補助金には事業化報告（報告ステージ）はありません。
(出所)　筆者作成

行うのかを決めておく必要があります。

　現状、①の申請手続ステージのみ支援し、後は関与しないという支援方法が問題とされています。とはいえ、②の受給手続ステージにおいては、認定支援機関が関与しにくい実情もあります。というのは、申請案件が採択されると事業者ごとに担当の指導員が決められ、その指導に従って事業者自らが補助金受給に必要な報告資料を作成していくのが基本的なルールだからです（指導員に面談する際、認定支援機関の同席は認められていません）。

　一方で、受給手続に必要な資料は量も多く、その作成が煩雑であることから、なかには「めんどうだ」と投げ出して補助金受給を辞退してしまう事業者もあります。このため認定支援機関としては、②の場面でも適時アドバイスや資料作成の補助を行うことが望ましいでしょう。

　③の場面でも、事業化報告といって、補助金をもらって業績がどう向上したかについて年に1度、5年間にわたって適正な報告書を作成するというルールがあります。ところが、「事業化報告は適当にしておいても問題はない。誠実に報告している事業者はほとんどない」という風説があり、結果として提出された事業化報告が正当なものとはいえない内容であることが多いという実態が指摘され、問題となっていました。現在は、事業者に適正な事業化報告を行わせるべく、関与する認定支援機関にはきちんと事業化報告を支援することを約束する誓約書の提出をさせるなど一定の責任を課すようになっています。

このように認定支援機関が行うべき支援は入口だけではなく、補助金受給と受給後の各ステージにあるわけで、①から③までの長期的なスパンでどのように支援し、どのような報酬を受け取るのかをあらかじめ設定しておく必要があります。

■ 補助金支援における報酬の水準

⑴　申請手続ステージ：着手金＋成功報酬10％が主流

　認定支援機関の一般的な報酬の水準は、申請書作成支援から採択までの段階（①申請手続ステージ）で着手金として5万円から10万円を設定し、補助額の8％から10％程度を成功報酬としてもらうのが一般的なようです。この程度であれば、水準として問題ないといわれています。報酬額はその金額よりも、どこまで支援するかの内容が重要です。また、最低報酬額と最大報酬額の設定をしている認定支援機関も多く見受けられます。

〈事業再構築補助金の報酬設定の事例〉
・支援依頼時に15万円の着手金
・成功報酬として補助金額×8％（ただし、最低80万円、上限 300万円など）
〈ものづくり補助金の報酬設定の事例〉
・支援依頼時に5万円から10万円の着手金
・成功報酬として補助金額×10％＝100万円（ただし、最低50万円）

〈小規模事業者持続化補助金の報酬設定の事例〉

・支援依頼時に5万円の着手金

・成功報酬として10万円から15万円

⑵　受給手続ステージ：辞退リスクをにらみ毎月の課金設定

　補助金を受給するには、決められたスケジュールを遵守することが重要です。期限を守れないと、補助金は不支給となってしまいます。半年以上の期間があるとはいえ、現場感覚では本当にぎりぎりで、間に合うかどうかが危ぶまれるようなスケジュールであることが多いのです。

　これを支援する認定支援機関としては、指導員の示すスケジュールや資料内容を事業者と共有させてもらい、それに準拠した進捗になっているか、問題が起きていないかなど、きめ細かな確認をしておく必要があります。この支援も報酬の対象範囲に当然加えるべきで、①、②両方のステージを通じた補助金支援業務であるべきであり、それをふまえた報酬モデルを検討すべきでしょう。

　申請を支援してから補助金が支給されるまで、すなわち①、②のステージを通じた期間は、最短でも9カ月、長ければ1年を超す場合もあります。補助金支援の成功報酬は、補助金支給（事業者側への入金）をもって請求したいところですが、受給までの手続が煩わしく、途中で事業者が辞退してしまうケースもあります。そして、補助金が受給できなかったので支援機関に報酬を払わない（払えない）ことになるというリスクもありえ

ます。

　そこで、採択後は、たとえば5万円ずつ月額で課金すると
いった設定にするとよいでしょう。無事に補助金が支給された
ら、報酬額からそれまで月次課金していた報酬を差し引いて請
求するという課金モデルで、月額で支払ってもらう内容に②の
ステージで行う支援業務が内包されるというイメージです。

(3)　報告ステージ：報告のつど3万円程度が平均的

　補助金が支給された後、事業者は毎年1度、5年にわたって
補助金対象の事業がどのくらい業績をあげているかを報告する
義務があります（事業化状況報告と呼びます）。

　事業化状況報告の作成は、高度な作業ではありません。管理
会計の簡易版というイメージで、会計事務所であればいたって
簡単にサポートができるはずです。ただし、計算方法等には決
まったルールがありますので、しっかりと理解したうえで取り
組むことが重要です。

　このステージでの報酬の設定は、報告のつどサポートに対し
て3万円程度を請求するのが平均的なようです。また、都度請
求とはせず、事業者に対して継続的に補助金情報を提供する
サービスを提供するための顧問契約を結び、さまざまな支援策
を続々と提供して取引拡大につなげている支援機関も増えてき
ています。

Q6　地域金融機関は認定支援機関業務を通じて、どのようなビジネスモデルを構築していますか

地域金融機関では手数料収入の増加というより、地域社会への貢献あるいは他の金融機関との差別化を目的として、認定支援機関業務に取り組んでいます。

■ コンサルティング機能の発揮

　中小事業者の経営課題は、ヒト、モノ、カネに関する事柄を中心に多岐にわたります。事業者は、課題解決の方策を考える際の相談相手として、身近な親族や知人に頼ることもあるでしょう。しかしながら、本音では業況ならびに個人を含めた財務状況をすべてみてくれている存在である、金融機関の担当者や顧問の会計士や税理士に相談したいのではないでしょうか。

　私は時折、保険会社でセミナーの講師を務めますが、そこでは保険の営業担当者が顧客の決算書を入手することがいかにむずかしいかという話をよく聞きます。金融機関や会計事務所・税理士事務所は決算データという最も重要な経営情報をもらっているのですから、それを意気に感じて経営者からの期待に応えてもらいたいものです。

　経営者の期待とは何か。それは「彼に頼めば明快な解決方法を見つけてくれる」と思えるようなワンストップ型のコンサル

ティング機能です。このような機能が、地域金融機関担当者や顧問会計事務所に求められているのです。

国内の貸出市場は、すでにオーバーバンキングの状態であるといわれています。融資を前面に出した渉外活動で差別化できるのは、金利しかないというのが実情でしょう。一方で金融庁は、地域金融機関に「地域密着型コンサルティング機能の発揮」というテーマを突きつけています。

地域密着型コンサルティング機能とは何でしょうか。乱暴にいってしまえば、「おせっかいといわれるくらい、世話を焼いて、恩を売って、金利は高めにもらい、いろいろなお願いを聞いてくれるような関係構築を図る」ということではないでしょうか。

認定支援機関は、さまざまなメリットを事業者に提供できます。その結果、資金需要も顕在化します。そのきっかけをくれた担当者には、ギブアンドテイクで融資を申し込んでくれるはずです。なぜ中小企業の経営者が、個人資産の運用やクレジットカードへの加入など金融機関の営業に応じてきたのか。それは、いざ資金繰りが苦しくなったときに融資を受けやすくなるかもしれないと期待をするためなのです。

今後ますます、事業者の資金ニーズが縮減していくなかで、金融機関としての差別化を図るには、まずは貸出以外の話題で会話をしてみましょう。補助金、税制優遇措置の話題は、「それなら投資してみようか」「事業を継続してみようか」などと潜在的ニーズを引き出すきっかけとなります。その結果、経営

の情報が経営者から直接得られるようになり、融資取引の拡充、持続にもつながります。

■ 金融機関の認定支援機関業務のビジネスモデル

　地域金融機関のなかには、本部の支援部署に専門職員を置き、補助金の申請書の作成支援を積極的かつ本格的に行っているところが多くあります。地域金融機関にとって補助金申請の支援は手数料獲得目的ではなく、地域社会への貢献という色彩が濃いようです。

　特に令和3年度に予算化された、事業再構築補助金への企業の期待度は大きく、公表当初はこの補助金の話が出ない日はなかったと地域金融機関職員が口をそろえて話していました。

　補助金申請支援には、補助金ではまかなえない自己資金部分を融資することで本業の貸出の増加につなげたり、補助金の支援をした成果を事業者にアピールして融資の金利を高めにもらったり、補助金を使って設備投資をしたい他の事業者を紹介してもらうことをねらう効果があります。地域の認定支援機関である会計事務所等と連携して、補助金活用支援をすることで、設備投資ニーズをいち早く入手し、融資に結びつけるという営業施策も見受けられます。

　地域金融機関の経営陣にとっては、隣接する地域にある同規模の地域金融機関より優位な補助金申請支援実績をあげることが大きな関心事のようです。特に令和2年から新型コロナウイルス感染症の影響を受けた中小企業向けの経営支援施策が拡充

され、施策の活用に対する地域社会の注目度が高く、現在では認定支援機関ごとの支援実績がインターネットで公表されているため、「あの銀行（信金）にだけは負けるな」と、支援実績をあげることが大きな経営課題となっているケースもあります。

　地域金融機関が補助金活用の支援をする際の課題としては、採択後のフォローがむずかしいという点があります。採択は補助金受給の権利を獲得したにすぎず、その後も交付決定、実績報告、事業化報告と、長い場合は5年間に及ぶフォロー業務が発生します。これらを一貫して担うことは、地域金融機関にとって酷といえます。また、補助金の種類や支援施策の認知度によっては、地域金融機関が自ら対応するには限界がある場合もあるため、外部の認定支援機関に対して委託を行い、外部の認定支援機関から紹介手数料を獲得するというビジネスモデルも伸長しています。

Q7 会計事務所等は認定支援機関業務を通じて、どのようなビジネスモデルを構築していますか

他の会計事務所等との差別化を図り、既存顧客からの相談業務の増加、金融機関との連携や既存顧客からの紹介による新規顧客開拓につなげています。

■ 金融機関からの顧客紹介

　事業者と税務顧問契約を結んだ会計事務所等は毎月定期的に企業を巡回訪問し、財務を把握しているものと思います（巡回監査）。この作業が、今後いっそう価値のあるものになります。

　あるメガバンクは、一部の店舗において年商10億円未満の企業相手に行う営業は成績として評価しないという方針を決めました。つまり、一定以下の規模の企業には訪問するなという経営方針です。大手地銀や合併等により規模拡大する地域金融機関も、こうした効率的な店舗戦略、営業戦略に追随するでしょう。

　今後、中小企業には、これまでのように数多くの金融機関の営業職員が出入りすることが少なくなるでしょう。日本政策金融公庫を利用する場合のように、融資のニーズがあるときに事業者が金融機関に出向いて貸出審査を受ける、そんな関係がみえてきます。

もちろん、地域金融機関にとって重要な顧客には担当者が訪問するでしょうが、事業者の懐に飛び込んで日常的な経営に寄り添うという役割は、もはや会計事務所等に期待するしかないのではないでしょうか。ある地銀の経営幹部は、「今後、事業者の定量的な財務情報の適時回収と定性的な情報の入手は、会計事務所等を窓口として行うのが得策だろう」と話していました。

　一方で、地域金融機関は認定支援機関として、積極的に補助金申請の支援を行っていますが、採択後の実行支援と呼ばれるさまざまな報告業務や事業化の過程での業績報告業務は、管理会計の要素を含む作業もあるので、金融機関の業務範囲外であるといえます。入口の支援はできるが長い目でみたサポートはむずかしいという点が、金融機関の悩みどころです。そこで、地域金融機関は会計事務所等との間で、補助金を受給して融資につながった顧客を事後フォローし、さまざまな施策活用を提案してくれる、そして、融資のニーズがある場合には必ず紹介元の金融機関に相談してくれるという関係を構築することを望んでいます。

　金融機関には、きめ細かく融資先をフォローする人的リソースも不足しています。今後ますます、認定支援機関である地域の会計事務所等に顧客をつなぎ、さまざまな経営支援を展開してもらい、その過程で発生する収益の一部を金融機関に紹介手数料等のかたちで還元するというサプライチェーンモデルが増えていくと考えます。

■ 成功報酬より顧客基盤の増強

　会計事務所・税理士事務所の基本的なビジネスモデルは、月額の顧問料に決算時の申告費用などを加算して定型的で安定した収入を得るというものです。

　このため、会計事務所等の先生方のなかには「成功報酬というモデルはそもそも苦手だ」といわれる方も多いのです。私がメインプロデューサーを務める経営革新等支援機関推進協議会は、会計事務所等が中心の認定支援機関からなるネットワークです。認定支援機関の制度が始まった頃には支援実績はほとんどありませんでしたが、いまでは専門部署を創設し、人員を配置して数年かけて着実に実績をあげる事務所が増えてきました。なかにはものづくり補助金の支援において、20件中20件の採択を受けたという事務所もあります。これほどの規模で受託できるようになれば、大きな手数料収益につながり、新たな専門部署を設置しても十分採算がとれると思います。

　しかし、相当数の件数をあげて業務を軌道に乗せている会計事務所等の先生方は、補助金支援によるスポット収入を期待するより、その後につながる副次的な収入の増加が期待できると話されています。補助金や税制優遇施策を活用する事業者は、そもそも事業を向上させる意欲があります。また、業績も良好な企業が多く、報酬面でも臆することなく料金提示がしやすいとの声も聞きます。ものづくり補助金が終われば、財務改善の相談や事業承継課題の相談につながるケースが多いようです。

また、新規顧客が獲得できるとの声もあります。補助金支援を成功させれば、その事業者から感謝されて知人の企業経営者や関連企業を紹介してもらえることが多いのです。私どもの経験でも、1社の支援実績から翌年には3社、その翌年には5社と紹介の輪が広がっているという成果を目にします。

　認定支援機関の関与が必要とされる中小企業の支援策がどんどん拡充されていますから、税務ではまったく関与していない事業者に対して、補助金の情報提供や優遇税制活用の提案などが行えます。これらは経営者の関心が高いテーマであるため、既存の会計事務所・税理士事務所との大きな差別化につながっていきます。結果として「税務顧問の依頼が来てしまった。既存の顧問の事務所には申し訳ないが、顧問税理士の変更となるケースも増えている」というケースが少なくないのです。

　さらに、前述したように、補助金の支援において金融機関には入口の支援はできてもフォロー業務はむずかしいということがあり、ここに会計事務所等にとっての大きなビジネスチャンスがあります。事業化報告、収益納付の適正なアドバイスなどは、もともと会計事務所・税理士事務所の得意分野です。ついては、金融機関からフォロー業務を受託することで、新規の顧客獲得につなげ、既存顧客との関係深耕をねらうことができます。

　フォロー業務に補助金情報の提供なども織り込んで、毎月1万円から1万5,000円ほどをコンサルティング料金として課金し、積極的に営業展開している認定支援機関も登場していま

す。実務作業としては、年に1度必要かどうかの報告業務です
が、それでも依頼はあるようです。認定支援機関の支援業務が
増加、拡充されていくなかで、認定支援機関同士が補完し合う
ビジネスモデルは今後も増加していくことが期待できます。

第 2 章

補助金総論

Q8 補助金とはどういうものですか

補助金は国や地方公共団体が決めた予算に基づき、一定の時期に公募によって申請を募り、審査を経て支給されます。

■ 補助金と助成金の違い

補助金は予算主義、助成金は要件主義といわれています（なかには混同して使っているケースも見受けられますが）。この違いを理解すると、補助金の特徴がよく理解できます。

補助金は予算主義であることから、国会で予算を決め、公募というかたちで希望者を募ります。そして一定期間で募集を締め切り、審査を行います。予算額が決まっているので、希望者が多ければ足切りを行います。これを採択（不採択）といいます。低いものは10％を切るものから80％に近いものまで、補助金の採択率はさまざまです。補助金の予算額と応募額との関係によってこの差が出ます。

予算額に比べて人気の高い補助金は採択率が低く、人気の低い補助金は採択率が高いという関係になります。

令和3年度より登場した事業再構築補助金は、予算額1兆4,000億円規模と経済産業省予算のなかでも史上最大級で、5回の公募が行われ、採択件数も6万5,000件を予定しています。執筆時点で採択率は未定ですが、人気は高いけれども予算

規模が甚大ですので、かなり高い採択率が期待できそうです。

　一方、助成金は要件主義といわれるように、基本要件に該当すれば支給されます。補助金のように、審査があって採択不採択という概念はありません。つまり公募期限という考えはなく、予算がなくなると同時に受付終了ということになります。

■ 補助金が利用しやすくなった

　補助金は予算主義であることから、年度内予算消化が原則となっていますが、令和２年（令和元年補正）の補助金の公募から基金方式が採用され、１年を通じて応募できる（年に５回の締切りを設ける）ようになりました。これまではだいたい節分からお盆までに公募が行われ、採択を受けた事業者は年末までに支給を確定する取組みを終わらせるという流れでしたが、この年末までという支給を確定する取組みの期限が翌年度まで延長されます。

■ 補助金は返さなくてよいか

　補助金は融資と違って、返済は不要です。つまり収益となり、課税対象にもなります。ただし、補助金を利用した事業について一定以上の利益が発生した場合は、その額の一部を返金しなくてはならない「収益納付」というルールがあります。詳しくはQ14で解説します。

■ 補助金は何度でも受けることができるのか

　補助金は基本的に何度でも、また、同一年度に複数の補助金を受給することが可能です。また、国の補助金だけではなく都道府県の補助金も利用できます。

　ただし、同一の内容の対象事業について重複して利用することはできません。たとえば、事業再構築補助金とものづくり補助金の両方にチャレンジすることはできるのですが、取り組む事業の内容が同じである場合はどちらかの利用となります。同様にIT化（システム導入）による業務効率化を目指してものづくり補助金にチャレンジすることはできるのですが、別にIT導入補助金があるので、システム投資による合理化のみを目的とした事業ではものづくり補助金の採択はなかなかむずかしいのが実情です。国が重複した目的に予算をつけないことがその理由です。

Q9 補助金を上手に獲得するコツはありますか

①計画性をもつこと、②支給要件を押さえること、③加点項目を逃さないこと、④具体的かつわかりやすい事業計画書の記述を心がけることが大切です。

■「常連組」は存在する

補助金には審査があります。審査を受け、受給資格を得ることを「採択」といいます。また、補助金利用の申請にあたって提出する書面には、通常「事業計画書」という名前がついています。

補助金を利用している企業のなかには、毎年のように、さまざまな種類の補助金をもらっている事業者が存在します。私どもは常連組と呼んでいますが、なぜ彼らは毎年継続的に多様な補助金を獲得できるのでしょうか。行政機関と何か特別なパイプがあるのでしょうか。

実は、そんなことはありません。補助金をもらうコツを知っているからなのです。ここで、常連組がもっている秘訣を公開しましょう。秘訣のなかで特に重要なのは次の4つです。

■ 補助金を上手に獲得するコツ①
——計画性をもつ

　まずは、補助金は国などの予算に基づく制度であるため、利用するためのスケジュールがあることを理解することです。毎年4月頃からさまざまな補助金の公募が開始されます。このため、毎年規則正しく補助金を活用した設備投資計画を立てることが必要です。「来年度はこの補助金を使ってこれを買おう」というように、常に予算要求（前年度）をにらんで準備することがコツです。ミラサポやJnet21などのポータルサイトを活用し、どんな補助金があり、いつ始まるのかを事前に把握して予定を立てる。これがまず重要なのです。このように準備を万端に整えている企業のなかには、ものづくり補助金を5年連続採択という企業も見受けられます。ただし、最近では利用者の範囲拡大をねらい、過去3年以内の採択事業者は審査で減点するという対策が設けられました。

　都道府県などの自治体にも、多様な補助制度があります。申請手続、事業計画書の書き方に慣れてくると、国の補助金で利用した事業計画書を活用して「この機械は国の補助金、これは県の補助金で」という具合に、同時期に複数の補助制度にチャレンジする企業もあります。

■ 補助金を上手に獲得するコツ②
――支給要件を押さえる

　補助金がなぜもらえるのかを考えてみると、そこには国や自治体の政策があるわけです。政策として企業に何をしてほしいのかをまず押さえないと、採択には近づきません。

　ものづくり補助金でも事業再構築補助金でも、最近の補助金に共通している要件は、**何か新しい取組みを行うこと**（「革新的な」という表現がよく用いられます）です。古くなった機械を新しくするだけ、システム化により一部の業務を効率化するだけでは、ほとんどの補助金の要件にそぐわないのです。補助金を使って行う取組みにより、**これまでの自社にないもの、または他社にもないもの**が獲得できる。こうした事業計画であれば、採択にぐっと近づきます。

　常連組はこの点をよく理解しているので、「補助金があればこんな新しい取組みをしてみたい」という発想力を日頃から鍛えているのでしょう。実はこの発想力が革新性や事業の再構築につながるわけで、それは補助金の採択だけが目的ではなく、実際の事業の競争力の強化にもつながるのです。ただし最近の審査では、常連組の案件は減点しようというルールが生まれています。

■ 補助金を上手に獲得するコツ③
——加点項目を逃さない

　補助金申請に対しては審査が行われるのですが、募集の際に審査項目や採点基準が公表されています。審査項目にはそれぞれ点数が割り振られていて、きちんと記述がされているかが審査され、あいまいだったりもれていたりすると点数がもらえない（大きく失点するので減点に近いイメージ）ということになります。

　ここで大事なのは、政策として存在する加点制度をうまく利用することです。加点制度はいわば行政機関が行うキャンペーンのようなもので、最近では事業継続力強化計画の認定などの国が推進する取組みを行っていれば、補助金の審査においても点数が加算されます。時にこの加点が、採択を決定づけてしまうくらいの大盤振舞いの点数だったこともあります。加点項目は複数ありますので、すべての項目で加点できれば、おのずから採択に近づいてきます。

■ 補助金を上手に獲得するコツ④
——具体的かつわかりやすい事業計画書の記述を心がける

　審査員は基本的に、申請する事業については素人であるという前提で事業計画書を作成しなくてはなりません。業界特有の専門用語を使う場合は、解説を入れたり、写真や図で説明した

りする必要があります。また、文章は長くならないように、そして読みやすいように見出しなどを使うとよいでしょう。

　事業計画書には、何がしたいのかを理解させるための具体的な内容の記述が必要です。私はいままでたくさんの事業計画書をみてきましたが、残念ながら何がしたいのかがわかりにくい計画書をよく見かけました。私が行う研修では、「高校生でもわかる内容＝事業のことはわからなくても、何がしたいのかは何となくわかる内容にすること」としています。職員でも家族でもいいので、その事業についてあまり知らない人に読ませてみて、評価してもらうのもよい方法です。

　また審査項目には他にも「どのような体制で行うのか」「その体制に問題ないか」などがあります。そうした審査項目への対応としては、組織図を表示して、そこに責任者の名前と業務に従事した年数や保有資格などを表示しておくとよいでしょう。これが「具体的にかつわかりやすく記載する」ということです。

　事業性の見通し、すなわち、販売計画、利益計画において具体的な計算根拠を示すことにより、計画が綿密に練られているというアピールをすることも重要です。

■ フィクションはだめ！

　行おうとする設備投資が、実態としては技術の高度化や改善の成果がそこまで強く見込めるものでもないのに、革新的であるという印象を与えるために、期待される効果を事業計画書に

Q9　41

過剰に記載するケースも見受けられますが、これはよくありません。実際に実行不能な取組みを記載して採択を得てしまうケースもあるのです。その場合は補助金受給までに実施される監査等で問題となります。認定支援機関としては、文章だけが独り歩きしてしまうと問題となる事例もあることを客観的にアドバイスする必要があります。

Q 10　補助金の申請にあたり、押さえておくべきポイントは何ですか

補助金のスケジュールを確認すること、事業計画書の記載を適量にすることが重要です。

■ 補助金は種類ごとに募集時期や期間が異なる

　補助金はその種類によって、募集時期、募集期間、申請手続が異なります。

　募集時期は、春先から秋口までバラバラにあります。ただし、同じ補助金であれば毎年同じような時期に公募されますので、今年の公募はいつ頃になるかをだいたい予想することができます。

　今年の公募が昨年と同じ内容なのかどうかを事前につかむためには、補助金の審査から支給手続までを引き受ける「事務局」の募集告知が先行して行われますので、行政機関のホームページなどで確認するとよいでしょう。その告知には補助金の制度の概要が記載されているので、「そろそろ始まるのだな、今年は昨年と違う点がありそうだな」などの事前予測ができます。

　公募期間も補助金ごとに異なり、2カ月以上あるものから1カ月弱で終わってしまうものまでさまざまです。

　補助金開催の年間スケジュールがわかるカレンダーが、中小

企業庁が所管する「ミラサポ」のホームページにあり、スケジュールを確認することができます。準備を万全にするためにも、事前の確認が大切です。

■「事業計画書」の記載方法

どの補助金も、申請窓口となる事務局のホームページから申請用紙をダウンロードして、申請書を作成する作業を行うことになります。通常は「事業計画書」という補助金を利用して行う取組計画について記載します。

どれも簡単なWord様式の申請用紙になっていて、記入方法はというと、次のような2つ3つのタイトル表示があるだけで、ほぼ自由とされています。

「補助金の対象となる事業の取組内容を記載ください」

「事業の対象とする市場とその規模を記載ください」

審査項目をみると、もっといろいろな内容を記載しなくてはいけないと思われ、「どの程度のページ数が適量なのか」「どこまで詳しく記載すべきなのか」をイメージするのがむずかしいでしょう。そこで、審査事務局側も最近では「事業計画書」の記載項目を具体的に案内したり、「全体で10ページ以内にしてください」と適切なボリュームを明示したりするようになっています。ただし、ページ数上限はあくまで要請であり、ページ数が上限を超えていても採択されるケースもあります。

文章ばかりだと審査項目に触れた記述がどこにあるのかがわかりにくく、また、事業のイメージが湧きにくいという審査に

おけるマイナスの効果につながります。わかりやすい表現と図を工夫し、写真をうまく使うのが秘訣です。

　事業再構築補助金やものづくり補助金の事業計画書作成支援は、認定支援機関の関与する補助金支援のなかでも最も難度の高い業務です。事業再構築補助金、ものづくり補助金の事業計画書の策定支援ができれば、ほとんどの補助金の申請はできるようになると思います。

　ほかの補助金は額も小さいので、事業計画書のボリュームも少なくてすみます。たとえば、小規模事業者持続化補助金はものづくり補助金の分量の半分くらい、事業承継補助金は6割から7割程度の分量となるイメージです。

　事業再構築補助金、ものづくり補助金の事業計画書の作り方が理解できれば、それを基準に他の補助金の事業計画書の記載レベルも推測できるのではないでしょうか。

これだけは覚えておきたいキーワード……**事業計画書、補助金事務局、補助事業、補助対象費用、採択、不採択事由、交付申請、交付決定**

■ 事業計画書

　補助金申請にあたっては、補助金を使って何を行うのか、その内容、その成果、事業をどのようにして伸ばしていくのか（売上をあげる、利益をあげる等）、そしてその市場環境はどうかなどを記載することが求められます。こうした記載は通常「事業計画書」と呼ばれ、認定支援機関はこの事業計画の実現性について所見を述べる「確認書」を発行することになります。「事業計画書」は、あくまで事業者自身が作成するものであることを忘れないようにしましょう。

■ 補助金事務局

　補助金の公募、審査、受給手続など、一連の補助金運営は行政機関以外の事務局が担当することが一般的です。補助金の公募が始まる直前に、この「事務局」の募集が行われます。

　事務局が決まると、その運営機関が当該補助金のホームページを開設し、補助金申請の詳細な説明が記された「公募要領」

や申請書式がダウンロードできるようになります。また、内容についての質問対応や書類審査も、一貫してこの事務局が行います。

　主な事務局は、以下のようになっています。

・事業再構築補助金……株式会社パソナ

・ものづくり補助金……全国中小企業団体中央会

・IT導入補助金……一般社団法人サービスデザイン推進協議会

・小規模事業者持続化補助金……商工会議所

■ 補助事業と補助対象費用

　補助事業とは、事業者が補助金を利用して行う取組みのことをいいます。補助金は対象となる事業が限定されているので、注意が必要です。たとえば、人件費は対象外であるとか、汎用性のあるパソコンや車両などは対象外であるなど、公募要領に詳しく記載されているので確認が必要です。

　補助金を利用して行う取組み自体は評価されて審査に通ったとしても、実際に補助金の受給を申請する場面で対象外の設備が多く、結果的に補助額が少なくなってしまったというケースもあります。

■ 採択と不採択事由

　補助金には審査があり、審査に合格することを「採択」、不合格を「不採択」といいます。

合格率を採択率といいますが、この採択率には、予算規模と応募件数とのバランスで差が出ます。ものづくり補助金は、平均40％程度の高採択率です。ただ、過去に一度、余った予算で追加の２次公募を行ったことがありましたが、この時は予算規模が小さく、一方で応募件数が多かったため、結果として５％程度の非常に狭き門となりました。

　不採択になった際には、なぜ不採択となったのかを申請した事業者側から事務局に確認することができます。

　審査は審査項目ごとに割り振られた点数の合計で判断されますから、その不採択事由、つまり得点できなかった項目を修正して２次公募等でリベンジすれば、採択率が高くなります。

　採択発表の後は、すぐに各地域事務局で交付申請説明会が開催され、申請者ごとに事務局担当者がつきます。そして、この事務局担当者が、補助金の受給までの手続の窓口となります。

■ 交付申請と交付決定

　採択はいわば「仮合格」のようなもので、採択となったら「交付申請」という、事業計画書に記載された内容を修正する手続が必要となります。清書するようなイメージです。

　そして、正式な補助金受給の権利が確定した際には、「交付決定」の通知をもらいます。原則はこの交付決定通知書をもらってから設備等の発注が可能となり、それ以前には発注できないことに注意が必要です。

　ただし、補助事業の緊要性が高い場合は事前着手承認制度と

いう制度が用意される場合があり、この承認を受ければ交付決定前でも、設備の発注などが可能となります。

Q 12 補助金の支援にはどのような知識や認識が必要ですか〈2〉

これだけは覚えておきたいキーワード……補助事業期間、中間監査、実績報告、確定検査

■ 補助事業期間

　補助事業期間とは、事業計画書に記載した取組みをいつまでに行うかを示す期間のことです。

　実はこの補助事業期間は、とても大切です。補助事業期間内に支払った費用のみが補助の対象となるからです。これより早い場合はフライング、遅い場合はタイムオーバーとなって、補助金は支給されません（ただし、一部の補助金では、コロナウイルスの影響を受けた事業者向けに事前着手承認という制度が設けられ、フライングが可能となっています。令和3年6月時点）。

■ 中間監査

　補助事業期間のちょうど中間時点で、中間監査と呼ばれる事務局担当者の訪問監査があります。内容は、①進捗状況の確認、②補助金管理ファイル（経理帳票等）の管理方法の指導、③今後の流れについての説明、④導入設備があれば設置状況の確認、などが中心です。ただし、補助金によっては中間監査がないものもあります。

■ 実績報告

　事業計画書に記載した取組みを実際に行えたかどうかの報告
をします。もちろん行えないとまずいのですが、事業計画書の
内容が高度すぎるなど実態とかけ離れた取組みを記載してしま
い、実績報告の場面でとても苦労したという話も聞きます。

　実績報告は補助金受給プロセスの最終ゴール地点であり、補
助事業終了後30日以内に報告を終わらせる必要があります。

■ 確定検査

　実績報告書を提出すると、最終の現地調査である「確定検
査」が行われます。何を行うのかというと、①導入設備の設置
状況の確認、②試作品の確認、③補助金管理ファイルの確認、
④今後の流れについての説明、などが中心です。この検査が終
わると、いよいよ補助金請求を行います。「補助金精算払請求
書」を提出し、入金を待ちます。

　ここまでが補助金を受給するまでの一連の流れですが、補助
金が入金されるまでは補助事業を実際に行って売上をあげては
いけないというルールがあります。補助金が入金されるまでの
期間は、補助事業を開始するための準備期間なのです。

これだけは覚えておきたいキーワード……事業化等状況報告

■ 事業化等状況報告

　事業化等状況報告とは、補助事業で取り扱う商品やサービスに関する補助事業完了後の売上、収益の状況を報告することをいいます。通常毎年1度、計5回にわたる報告が義務となっています。

　事業化等状況報告では、事業化状況報告書に加えて「収益額算出資料」を作成するとともに、収入、支出に係る証拠書類を保管する必要があります。

　報告にあたっては事業化段階という考え方があり、全部で6つの段階があります。

① 事業化なし

② 事業化あり

　・第1段階：製品販売に関する宣伝等を行っている

　・第2段階：注文（契約）がとれている

　・第3段階：製品が1つ以上販売されている

　・第4段階：継続的に販売実績はあるが、利益はあげていない

　・第5段階：継続的に販売実績があり、利益をあげている

この事業化等状況報告の実態を国が調査したところ、期待を大きく下回る実績の報告しかなされておらず、問題となりました。本来、補助金申請時の事業計画書には売上、収益をどのようにあげていくのかのスケジュールを記載しています。その計画とまったくかけ離れた、低調な事業化状況段階の報告ばかりだったのです。

　具体的には、補助金を受給した後、約半数の事業者が「事業化なし」か、「事業化段階１」つまり１つの注文もとれていない状態という報告でした。しかしこれは、実態がそのような低調な事業化状況で終わっているということではなく、事業化が進むことで収益納付が発生することを懸念し、控えめな数値での報告がなされていたということがいえます。

　これでは国にとって補助金支給の費用対効果が認められないということになりかねませんので、こうした実態に即さない報告を是正するため、認定支援機関に対しては、申請に責任をもつだけではなく、長期の実行支援が求められるようになっています。

これだけは覚えておきたいキーワード……収益納付

■ 収益納付

　補助金は返済不要といわれることもありますが、実際は違います。補助金を使って事業に取り組んだ結果、一定以上の収益があがった場合は返金する義務があると公募要領で決められています。これを収益納付といいます。

　収益納付に関して、コンサルタント等が事業者に対して「いままで収益納付した企業はないから心配ない」「利益なんかあがってないという報告をしておけばいい」という間違った情報を伝えたり、指導したりしているケースがあります。その結果、Q13で指摘したような実態よりも控えめな事業化等状況報告につながっているということがいえます。

　まずは、収益納付の正しい計算方法を理解しましょう。何も利益があがったら全額を返金しなければならないというわけではありません。どの程度の納付額になるかを理解することで、納付額が思ったほど大きくなく、安心できるケースもあるのです。

■ 収益納付額の計算の手順

　実際の収益納付額の計算手順は次のようになります。

　まず、下図の〔A〕から〔E〕の数値を算出します。

〔A〕：補助事業の成果を利用している製品の販売金額から、そ

〈収益納付額の計算例〉

◇収益納付の対象：補助金の交付を受ける事業者

　ただし、以下を満たす企業は求めない。
　ⅰ）直近3年間のいずれかの年に赤字を計上した企業
　ⅱ）相当程度の雇用創出等の効果によって公益への貢献が認められた
　　　企業
　※赤字とは、営業利益、経常利益、純利益のいずれかが、単体決算で赤字の
　　場合を言う。

◇納付を求める期間：補助事業終了後5年間

◇納付する金額の算出式

(収益〔A〕－控除額〔B〕) × (投資額全体に対する国の補助金の
　　　　　　　　　　　　　　比率〔C/D〕) －納付累積額〔E〕
　※収益〔A〕－控除額〔B〕＞0となる場合のみ、収益納付が必要。
　※納付金額は補助金の交付額の範囲内。
　〔A〕：補助事業に係る製品・部品等の営業損益（売上高－製造原価－
　　　　販売管理費等）の累計額
　〔B〕：投資額全体のうち事業者が自己負担によって支出した額
　〔C〕：補助金額
　〔D〕：投資額全体
　〔E〕：(前年度までに収益納付を行っている場合の) 累計額

（出所）　経済産業省の資料より

れに対応する製造原価と販売管理費等を自社で計算し、補助事業に係る営業利益を算出します。しかし、個別原価管理を行うことまでは求められておらず（中小企業ではそこまでできないところがほとんどなので）、「（直近の決算年度の売上－営業利益）／売上＝売上原価率」を基準にして計算します。

さらに事業貢献割合という考え方があって、補助事業に係る営業利益に事業貢献割合を乗じて〔A〕の金額を求めます。事業貢献割合とは、製品（サービス）をつくる（提供する）場合に補助事業がどの程度貢献しているかを示す割合です。

下図の例では、製造工程における補助事業の寄与率は3割ですから、事業貢献割合を3割とみなして計算することになります。すなわち、補助事業に係る営業利益×30％＝〔A〕補助事業による収益となります。

〔B〕：投資額全体のうち事業者が自己負担によって支出した額（〔D〕－〔C〕）の金額を示します。

〈事業貢献割合の算定例〉

当該製品の製造プロセス			
I	II	III	IV
15％	15％	30％	40％
		補助事業が寄与する工程	

（出所）　筆者作成

〔C〕：補助金額

〔D〕：投資額全体の金額

〔E〕：（前年度までに収益納付を行っている場合の）累計額

　算出した〔A〕から〔E〕の数値を55ページの図「◇納付する金額の算出式」に当てはめれば、納付額が算出されます。

Q 15　補助金の申請から受給後まで全体の流れはどうなっていますか

「補助金申請→申請書類の審査→補助金採択→交付申請書の提出→遂行状況報告書の提出→中間監査→実績報告書の提出→確定検査の実施→補助金精算払請求書の提出→事業化等状況報告書の提出」の流れとなります。

■ タイムスケジュールをイメージする

4月末に公募期限終了の補助金と仮定すると、下図のような

〈補助金に係る手続の流れ〉

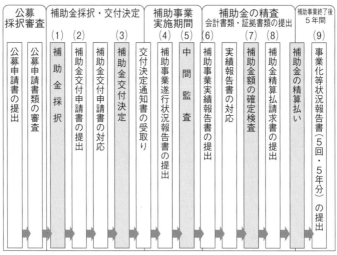

（出所）　経済産業省の資料より筆者加工

スケジュールになります。タイムスケジュールのイメージを
しっかりともって、準備を進めましょう。

　ここでは公募申請書の提出以降の流れを概観します（公募締
切りが5月のケース）。

(1)　**補助金採択（6月中旬）**

　公募期限終了後2カ月程度後に、関係行政庁のホームページ
で採択結果が発表され、翌日には採択通知書が郵送で届きま
す。その後、各地域事務局にて交付申請説明会が開催され、申
請者ごとに事務局担当者がつきます。

(2)　**交付申請書の提出（7月）**

　内容は公募申請書とほぼ同じです。金額の最終確定、記載内
容の微調整が発生します。

(3)　**交付決定（8月）**

　交付決定通知書が届いたら、補助事業の開始です。ここから
発注が可能となります。現在では公募申請時に「入手価格の妥
当性を証明できる書類」を添付することで交付申請時の確認作
業が省略できるようになり、採択から交付決定までの期間も短
縮されるようになりました。

(4)　**遂行状況報告書の提出（要請のつど。都道府県によっては**
　　ない場合もあり）

　各地域事務局から要請があった場合に、遂行状況報告書を提
出します。計画スケジュールと実績スケジュールを比較して、
進捗状況を報告します。また、経費支出が発生した場合は、経
理帳票も一緒に添付します。

⑸　中間監査（10月）

補助事業期間のほぼ中間の時期に、事務局担当者の訪問調査があります。

⑹　実績報告書の提出（～翌年1月）

補助事業期間終了後30日までに提出します。内容は交付申請書の内容を過去形（「行う」→「行った」）に表現修正し、実績や結果について数字を交えて具体的に記載します。写真を中心に記載すると、作成しやすくなります。

⑺　確定検査の実施（12月～翌年2月）

最終の現地調査です。①導入設備の設置状況の確認、②試作品の確認、③補助金管理ファイルの確認、④今後の流れについての説明、などが中心です。

⑻　補助金精算払請求書の提出（翌年1～3月）

提出後、1週間から2週間程で補助金の入金となります。

⑼　事業化等状況報告書の提出（翌年4～6月）

事業化等状況報告書の提出について各地で説明会が実施されます。内容は「事業化状況・知的財産等報告システム（WEB上でアクセスするシステム）」の操作方法です。このシステムに補助事業の成果（売上・原価・利益）を入力することで収益納付額が算出され、事業化等状況報告書を出力することができます。

システムの操作は簡単に行えます。厳密に原価計算を行っていない場合は、直近決算書の売上原価比率を使って収益計算を行うこともできます。

第 3 章

補助金各論

Q 16 事業再構築補助金とはどのような補助金 ですか

事業再構築補助金とは、中小企業向けの補助金として新たに設立された制度であり、新型コロナウイルス感染症の拡大に伴って事業モデルの転換や感染防止に取り組む中小企業に対して、転換に係る費用の3分の2を補助し、1社当り100万から1億円を給付する補助金です。同補助金は認定支援機関の支援を受け、事業計画書を作成することが要件の1つとなっています。

■ 史上空前の予算規模でスタート

事業再構築補助金のための予算総額1兆1,485億円という規模は、従来から人気のある「ものづくり補助金」が1,000億から2,000億円の予算規模であることを考えると、桁外れの予算措置であるといえます。採択件数は6万7,000件を想定しているとのことです（ものづくり補助金は1万件程度／年度）。この予算規模と採択件数の大きさに従って、公募は通年公募といえる年5回が予定されています。以下、令和3年9月21日に締め切られた第3回公募の情報を前提にして解説します。

■ 通常枠と卒業枠の違い

通常枠が最大8,000万円の補助額であるのに対して、中小企業の卒業枠は最大1億円までの補助額となります。卒業枠の受

給は、申請した中小企業のなかから400社のみに認められます。通常枠の申請要件に加えて、事業計画期間内に、事業再編、新規設備投資、グローバル展開のいずれかにより、資本金または従業員を増やし、中小企業者等の定義から外れ、中堅・大企業等に成長することが求められます。何が卒業かというと、中小企業から卒業するということです。デメリットとしては、中小企業でしか利用できない補助金や優遇措置が利用できなくなるという点があります。

　また、通常枠では、事業計画期間終了時に計画が達成できなかった場合のペナルティーは定められていませんが、卒業枠の場合は、事業計画期間終了時点において、予見できない大きな事業環境の変化に直面するなどの正当な理由なく、中小企業者等の定義から外れ、中堅・大企業等に成長するという目標を達成できなかった場合、通常枠の補助上限額との差額分について補助金を返還する必要があるとされていますので注意が必要です。

〈令和2年度3次補正事業再構築補助金（第3回公募）〉

【①　通常枠】

項　目	要　件
概要	新分野展開や業態転換、事業・業種転換等の取組、事業再編又はこれらの取組を通じた規模の拡大等を目指す中小企業等の新たな挑戦を支援。
補助金額	【従業員数20人以下】　　100万円〜4,000万円 【従業員数21〜50人】　　100万円〜6,000万円 【従業員数51人以上】　　100万円〜8,000万円

補助率	中小企業者等 　　2／3 （6,000万円超は1／2 （※）） 中堅企業等 　　　1／2 （4,000万円超は1／3 （※））
補助事業 実施期間	交付決定日〜12か月以内 （ただし、採択発表日から14 か月後の日まで）
補助対象 経費	建物費、機械装置・システム構築費 （リース料を含む）、技術導入費、専門家経費、運搬費、クラウドサービス利用費、外注費、知的財産権等関連経費、広告宣伝・販売促進費、研修費

（※） 補助金額によって補助率が異なりますのでご注意ください。

【② 卒業枠】

項　目	要　件
概要	事業再構築を通じて、資本金又は従業員を増やし、3 年〜5年の事業計画期間内に中小企業者等から中堅・大企業等へ成長する中小企業者等が行う事業再構築を支援。（すべての公募回の合計で、400社限定）
補助金額	6,000万円超〜1億円
補助率	2／3
補助事業 実施期間	交付決定日〜14か月以内 （ただし、採択発表日から16 か月後の日まで）
補助対象 経費	建物費、機械装置・システム構築費 （リース料を含む）、技術導入費、専門家経費、運搬費、クラウドサービス利用費、外注費、知的財産権等関連経費、広告宣伝・販売促進費、研修費、海外旅費

（※） 卒業枠で不採択の場合は、通常枠で再審査されます。再審査にあたっては事業者での手続きは不要です。
（出所） 公募要領より。以下、同じ

■ 大規模賃金引上枠とは

　多くの従業員を雇用しながら、継続的な賃金引上げに取り組むとともに、従業員を増やして生産性を向上させる中小企業等を対象とした「大規模賃金引上枠」を新設し、最大1億円まで支援します。

【要件】

　通常枠の申請要件を満たし、かつ以下の①および②を満たすこと。

①　補助事業実施期間の終了時点を含む事業年度から3〜5年の事業計画期間終了までの間、事業場内最低賃金を年額45円以上の水準で引き上げること。

②　補助事業実施期間の終了時点を含む事業年度から3〜5年の事業計画期間終了までの間、従業員数を年率平均1.5%以上（初年度は1.0%以上）増員させること。

【③　大規模賃金引上枠】

項　目	要　件
概要	多くの従業員を雇用しながら、継続的な賃金引上げに取り組むとともに、従業員を増やして生産性を向上させる中小企業等の事業再構築を支援。（すべての公募回の合計で、150社限定）
補助金額	8,000万円超〜1億円
補助率	中小企業者等　　　2／3（6,000万円超は1／2） 中堅企業等　　　　1／2（4,000万円超は1／3）

補助事業 実施期間	交付決定日～12か月以内（ただし、採択発表日から14か月後の日まで）
補助対象 経費	建物費、機械装置・システム構築費（リース料を含む）、技術導入費、専門家経費、運搬費、クラウドサービス利用費、外注費、知的財産権等関連経費、広告宣伝・販売促進費、研修費

（※）　大規模賃金引上枠で不採択の場合は、通常枠で再審査されます。
　　　再審査にあたっては事業者での手続きは不要です。

■ グローバルV字回復枠とは

　グローバルV字回復枠を申請すると、売上が15％以上減少していること（通常枠は10％以上の減少）、補助事業終了後3年から5年で付加価値額の年率平均5.0％以上増加または従業員1人当り付加価値額の年率平均5.0％以上増加を見込む事業計画を策定すること（通常枠3.0％）など、通常枠の要件に比べて、より厳しい水準の要件を満たすことで、より多くの補助金を受け取ることができます。

　また、下記のいずれかに該当する事業を行うことが必要です。

・海外直接投資……中小企業等が補助金額の50％以上を外国における支店その他の営業所または海外子会社等の事業活動に対する費用に充てることで、国内および海外における事業を一体的に強化すること。

・海外市場開拓……中小企業等が海外における需要の開拓を行うものであって、事業計画期間終了までに本事業の海外売上

高比率が50％以上となることが見込まれること。

・インバウンド市場開拓……中小企業等が国内における外国人観光客の需要の開拓を行うものであって、事業計画期間終了までに本事業に係る製品または商品もしくはサービスの提供先の50％以上が外国人観光客の需要に係るものとなることが見込まれること。

・海外事業者との共同事業……中小企業等が外国法人等と行う設備投資を伴う共同研究または共同事業開発であって、その成果物の権利の全部または一部が当該中小企業等に帰属すること。

【④　グローバルＶ字回復枠】

項　　目	要　　件
概要	事業再構築を通じて、コロナの影響で大きく減少した売上をＶ字回復させる中堅企業等を支援。（すべての公募回の合計で、100社限定）
補助金額	8,000万円超～１億円
補助率	１／２
補助事業実施期間	交付決定日～14か月以内（ただし、採択発表日から16か月後の日まで）
補助対象経費	建物費、機械装置・システム構築費（リース料を含む）、技術導入費、専門家経費、運搬費、クラウドサービス利用費、外注費、知的財産権等関連経費、広告宣伝・販売促進費、研修費、海外旅費

（※）　グローバルＶ字回復枠で不採択の場合は、通常枠で再審査されます。再審査にあたっては事業者での手続きは不要です。

■ 緊急事態宣言特別枠とは

　令和3年の緊急事態宣言により深刻な影響を受けた中小企業等については、「緊急事態宣言特別枠」を設け、補助率を引き上げます。

【要件】

　通常枠の申請要件を満たし、かつ緊急事態宣言に伴う飲食店の時短営業や不要不急の外出・移動の自粛等の影響を受けたことにより、令和3年1月～8月のいずれかの月の売上高が対前年または前々年の同月比で30%以上減少している事業者。

※売上高に代えて、付加価値額を用いることも可能です（付加価値額要件については後述します）。

【⑤　緊急事態宣言特別枠】

項　目	要　件
概要	令和3年の国による緊急事態宣言発令により深刻な影響を受け、早期に事業再構築が必要な飲食サービス業、宿泊業等を営む中小企業等に対する支援。
補助金額	【従業員数5人以下】　　100万円～500万円 【従業員数6～20人】　　100万円～1,000万円 【従業員数21人以上】　　100万円～1,500万円
補助率	中小企業者等　　3／4 中堅企業等　　　2／3
補助事業実施期間	交付決定日～12か月以内（ただし、採択発表日から14か月後の日まで）

| 補助対象経費 | 建物費、機械装置・システム構築費（リース料を含む）、技術導入費、専門家経費、運搬費、クラウドサービス利用費、外注費、知的財産権等関連経費、広告宣伝・販売促進費、研修費 |

（※）　要件に合致すれば、業種や所在地は問いません。緊急事態宣言特別枠で不採択の場合は、通常枠で再審査されます。再審査にあたっては事業者での手続きは不要です。

■ 最低賃金枠とは

　最低賃金の引上げの影響を受け、その原資の確保が困難な特に業況の厳しい中小企業等を対象とした「最低賃金枠」を設け、補助率を引き上げます。

【要件】

通常枠の申請要件を満たし、かつ以下の①および②を満たすこと。

①　令和2年10月から令和3年6月までの間で、3カ月以上最低賃金プラス30円以内で雇用している従業員が全従業員数の10%以上いること。

②　令和2年4月以降のいずれかの月の売上高が対前年または前々年の同月比で30%以上減少していること。

※売上高に代えて、付加価値額を用いることも可能です。

【⑥ 最低賃金枠】

項　目	要　件
概要	最低賃金引上げの影響を受け、その原資の確保が困難な特に業況の厳しい中小企業等が取り組む事業再構築に対する支援。
補助金額	【従業員数5人以下】　　100万円～500万円 【従業員数6～20人】　　100万円～1,000万円 【従業員数21人以上】　　100万円～1,500万円
補助率	中小企業者等　　　3／4 中堅企業等　　　　2／3
補助事業実施期間	交付決定日～12か月以内（ただし、採択発表日から14か月後の日まで）
補助対象経費	建物費、機械装置・システム構築費（リース料を含む）、技術導入費、専門家経費、運搬費、クラウドサービス利用費、外注費、知的財産権等関連経費、広告宣伝・販売促進費、研修費

（※）　最低賃金枠で不採択の場合は、通常枠で再審査されます。再審査にあたっては事業者での手続きは不要です。

Q 17 事業再構築補助金は、どのような状況にあり、どのような取組みを行う事業者が利用できますか

「減収要件」と「事業再構築指針」に示された要件を満たす事業者であることが必要です。「事業再構築指針」では、「事業再構築」を「新分野展開」「事業転換」「業種転換」「業態転換」「事業再編」の5類型に区分し、その類型ごとに異なる売上構成比要件と製品等および市場の新規性要件が定められています。

■ 事業再構築指針は要件が複雑……内容をしっかり確認することが重要

　令和3年3月に「事業再構築指針」が公表されました。事業再構築指針には当補助金を申請する際に求められる要件がかなり具体的に記載されています。ここでいう要件とは、入学試験でいえば、受験票がもらえるかどうかの資格要件であり、この要件を満たしていない場合はそもそも審査もしてもらえない、または理解不足だと、どんなに事業計画の内容が良くても審査に進めないということになります。そのような認識をもって、慎重にその内容を確認すべきです。

　それでは、事業再構築補助金の要件の確認方法を簡単に説明しましょう。

■ まずは原則的な 2 つの要件を満たすことを確認する

　事業再構築補助金を利用できるかどうかを判断する場合、まずは基本的な 2 つの要件を確認することから始めます。それは、減収要件と事業再構築指針に基づく要件です。

(1)　減収要件

　売上がコロナ以前の直近と比較し令和 2 年 4 月以降の売上高が10%以上減少し、かつ令和 2 年10月以降の売上高が、コロナ以前の売上高と比較して 5 ％以上減少していることです。

　売上の比較については令和 2 年 4 月以降の連続する 6 カ月間のうち、任意の 3 カ月の合計売上高と、平成31年 1 月から令和 2 年 3 月まで（これをコロナ以前とします）の15カ月のうち応答月 3 カ月の合計との比較、および令和 2 年10月以降の連続する 6 カ月間のうち、任意の 3 カ月の合計売上高と、平成31年 1 月から令和 2 年 3 月までの応答月 3 カ月の合計売上高との比較を行います。この 3 カ月は連続していなくてもよく、たとえば、平成31年 1 月、平成31年 3 月、令和 2 年 2 月という選択も可能です。

　また、上記の減収要件を満たさない場合には、次の要件を満たすことでも申請可能です（グローバルV字回復枠で申請する場合は、次の要件で代替することはできません）。すなわち、令和 2 年 4 月以降の連続する 6 カ月間のうち、任意の 3 カ月の合計付加価値額が、コロナ以前の応答月 3 カ月の合計付加価値額と比較して15%以上減少しており、かつ令和 2 年10月以降の連続す

る6カ月間のうち、任意の3カ月の合計付加価値額が、コロナ以前の応答月3カ月の合計付加価値額と比較して7.5%以上減少していることです。ここで付加価値額とは、営業利益、人件費、減価償却費を足したものをいいます。

(2)　事業再構築指針に基づく類型とその要件

事業再構築指針では、「事業再構築」を、「新分野展開」「事業転換」「業種転換」「業態転換」「事業再編」の5類型に区分し、その類型ごとに要件が定められています。

この類型の考え方と類型ごとの要件がなかなか複雑です。

1)　新分野展開……業種や事業の変更なく、新たな製品等を製造

2)　事業転換……売上構成比率の最も高い事業の転換（電気製品部品製造業→医療機械部品製造業）

3)　業種転換……主たる業種の転換（製造業→サービス業など）

4)　業態転換……製品の製造方法等を相当程度変更

5)　事業再編……合併、会社分割、株式交換、株式移転、事業譲渡等

しかし、この5)は、事業再編を通じて1)から4)のいずれかを行うこととされているので、結局は1)から4)の要件を確認すればよいことになります。

■ 事業再構築の類型を判定する

では、類型の選択と要件の確認方法を、筆者作成の事業再構築補助金類型判定フローチャートを利用して説明しましょう

（次頁の図を参照）。

　最初に減収要件の確認をすませたら、事業再構築の類型が次の①から④のどれに該当するかを選択します。

①　新たな業種に進出し、3年から5年後にそれをメインの業種としたい……製造業がサービス業に転換するようなケースです。要件を満たせば業種転換の類型に該当します。

②　新たな事業に進出し、3年から5年後にそれをメインの事業としたい……業種までは変わりませんが、たとえば、飲食業が日本料理店から焼肉店に転換するケースです。

　　要件を満たせば、事業転換の類型に該当します。

③　業種または事業の変更まではしないが、新たな商品等を提供し、新たな市場へ進出したい……要件を満たせば新分野展開に該当します。

④　商品等の提供方法等を相当程度変更したい……③の「新たな商品等を提供」と似ていますが、たとえば、店舗で食事を提供していた飲食業が、テイクアウトできるように店舗を改装して取り組むケースがこれに当てはまります。要件を満たせば「業態転換」の類型に該当します。

　上記①②でいうメインの事業になるかどうかは、3年から5年後、つまり、事業計画終了時において新たに取り組む事業の売上が会社全体の売上のなかで最大の構成比を占めるようになるかどうかによります。つまり、主たる業種（事業）が変更となるかどうかで、①②になるか、③④になるかが分かれることになります。

〈事業再構築補助金類型判定フローチャート〉

令和2年4月以降に連続する6カ月間のうち、任意の3カ月の合計売上高が平成31年1月から令和2年3月までの応答月3カ月の合計売上高と比較して10%以上減少し、かつ令和2年10月以降の連続する6カ月間のうち、任意の3カ月の合計売上高が平成31年1月から令和2年3月までの応答月3カ月の合計売上高と比較して5%以上減少している

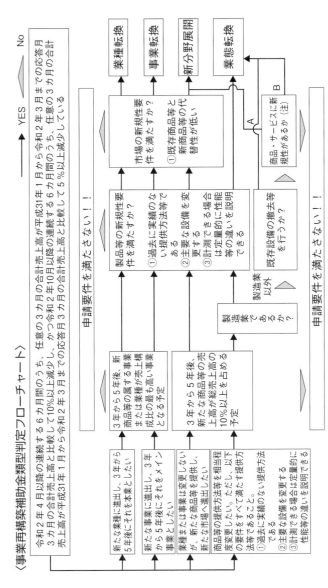

業種転換

事業転換

新分野展開

業態転換

申請要件を満たさない！！

市場の新規性要件を満たすか？
①既存商品等と新商品等の代替性が低い

製品等の新規性要件を満たすか？
①過去に実績のない提供方法等である
②主要な設備を変更する
③計測できる場合は定量的に性能等の違いを説明できる

既存設備の撤去等を行うか？

製造業であるか？

製造業以外

3年から5年後、新商品等の属する事業または業種が売上構成比の最も高くなる予定

3年から5年後、新たな商品等の売上高が総売上高の10%以上を占める予定

商品・サービスに新規性があるか（注）

A
B
商品・サービス（注）

申請要件を満たさない！！

新たな業種に進出し、3年から5年後にそれを本業としたい

新たな事業に進出し、3年から5年後にそれをメインとしたい

業種または事業は変更しないが、新たな商品等を提供し、新たな市場へ進出したい

商品等の提供方法等を相当程度変更すること。ただし、以下の提供方法の要件をすべて満たす提供方法等であること。
①過去に実績のない提供方法である
②主要な設備を変更する
③計測できる場合は定量的に性能等の違いを説明できる

→ YES → ← NO

（注）新商品・サービスと既存事業を比べて新商品・サービスが主であればA、既存事業が主であればB。
（出所）筆者作成

新たに取り組む事業の売上が最大とならない場合は③か④になるわけですが、③④でも売上の要件が定められていて、新たな商品等、新たな商品提供方法等の売上が10％以上の構成比になることが要件となっています。

■ わかりにくいけど重要な新規性要件

　類型が決まり、それぞれの売上構成比要件が確認できたら、次に「なかなか複雑」と前述した部分、「新規性の要件」を確認しましょう。

　新規性要件には、「製品等の新規性要件」と「市場の新規性要件」の２つがあります。ここでいう製品等はサービスも含みます。

　また④の業態転換だけは、新規性要件の内容が異なりますので後述します。

　①から③の新規性要件は同じです

⑴　製品等の新規性要件

　製品等の新規性要件では次の３つの要件を満たすこととされています。

1)　コロナ以前に製造等した実績がないこと……これは、このとおりでわかりますね（ただし、ここでいうコロナ以前とは５年以内程度とのことです）。

2)　製造等に用いる主要な設備を変更すること……変更とありますが、新規の設備投資も含みます。ここで、変更した、あるいは新規の設備は次の要件を満たすことが求められます。

3) 定量的に性能または効能が異なること（製品等の性能や効能が定量的に計測できる場合に限る）……つまり、新しい製品等は既存の製品等よりよいものでないとだめ、同じようなものでは補助金はあげませんよという趣旨です。しかし、日本料理店と焼肉店では、比較ができるものではないので、そういうケースは、「比較ができない」と記載すれば、要件を満たすことになります。

(2) 市場の新規性要件

市場の新規性要件は、次の1つの要件を満たすこととされています。

1) 既存商品等と新商品等の代替性が低い

これは、新たな事業が既存の事業の売上を浸食しないことをいっています。事業再構築指針には、例として、アイスクリームを提供していた事業者が新たにかき氷を販売する場合、かき氷の提供によりアイスクリームの売上高は減少すると考えられるため、市場の新規性要件を満たさないと考えられる、と示されています。

■ 業態転換の場合の新規性要件

最後に④の「業態転換」の場合の新規性要件について説明します。

業態転換の場合は、製造業と製造業以外で新規性要件が異なり、製造業であれば①から③と同じように新規性要件を判断すればよいのですが、製造業以外の場合は、新たな方法で提供さ

れる商品もしくはサービスが、新規性を有するもの、または、既存の設備の撤去や既存の店舗の縮小等を伴うものである必要があります。

　簡潔にいうと、サービス等の提供方法だけでなく、サービス自体も新規性がないといけないとされており、その要件を満たせない場合は既存の設備の撤去を行えば要件を満たすことになります。しかし、よく考えると、商品・サービス自体の新規性要件を満たすならば、「業態転換」ではなく、「新分野展開」の類型にも該当することになるので、わかりにくい「業態転換」ではなく、「新分野展開」で申請したほうがよいとアドバイスしています。商品・サービスの新規性を満たせない場合は設備撤去が必須となります。

**事業再構築補助金の支援にあたり、認定
支援機関として必要な知識は何ですか**

「補助対象者」「補助対象事業」「補助対象費用」をしっかり確
認することが大切です。

■ 補助金支援の入口で確認すべき事項

　認定支援機関として「事業再構築補助金」や「ものづくり補
助金」の採択の実績ができれば、すべての補助金に対応できる
と話しています。この2つ補助金の支援業務は、それだけ高い
レベルにあるといえます。採択を受けるための秘訣の前に、重
要な実務知識があります。その点を確認しておきましょう。

　私どもはこれまで数多くの補助金の申請に関与してきました
が、最も残念だと思うのが、しっかりとした内容の事業計画の
策定まで行っているのに、そもそもその事業が補助対象ではな
かったというケースです。認定支援機関としてはこうした「間
違い」が起こらないよう、最初に事業者の取組内容をしっかり
と把握して、以下に述べるように、当該事業者が対象となる事
業者であるかどうか、取り組む事業内容が補助対象となる事業
かどうか、費用は対象となるか、を入口でしっかり確認しま
しょう。

　事業計画の内容や、事業再構築指針の要件に目がいきがちで
すが、補助金支援業務においては、実はこうした基本的な対象

となるかどうかの確認がおろそかになってトラブルになるケースもありますので、注意が必要です。

■ 補助対象者となるか

事業再構築補助金は、ものづくり補助金などでは対象外とされていた業種も対象となるなど、補助対象者の範囲が広く設定されています。一方で、ものづくり補助金と同様に、みなし大企業や、応募申請時点において確定している（申告ずみの）直近過去3年分の各年または各事業年度の課税所得の年平均額が15億円を超える中小企業者は対象とならないなどのルールが定められています。実際に採択後に、みなし大企業であることが判明して採択取消しとなったケースもありますので、しっかりと確認しておく必要があります。

■ 補助対象事業となるか

本補助金は、新型コロナウイルス感染症の影響が長期化し、当面の需要や売上の回復が期待しがたいなか、ウィズコロナ・ポストコロナの時代の経済社会の変化に対応するために、新分野展開、業態転換、事業・業種転換、事業再編またはこれらの取組みを通じた規模の拡大等、思い切った事業再構築に意欲を有する中小企業等を支援することを目的としています。

一方、次にあげる事業は事業再構築補助金の対象となりません。審査において、以下に該当すると判断された場合は不採択となります。また、採択・交付決定後に以下に該当すると確認

された場合も、決定が取消しとなります。

① 本公募要領にそぐわない事業

② 具体的な事業再構築の実施の大半を他社に外注または委託し、企画だけを行う事業

③ もっぱら資産運用的性格の強い事業

④ 建築または購入した施設・設備を自ら占有し、事業の用に供することなく、特定の第三者に長期間賃貸させるような事業

⑤ 主として従業員の解雇を通じて付加価値額要件を達成させるような事業

⑥ 公序良俗に反する事業

⑦ 風俗営業等の規制及び業務の適正化等に関する法律（昭和23年法律第121号）第2条第5項及び同条第13項第2号により定める事業等

　※申請時に、風俗営業等の規制及び業務の適正化等に関する法律（昭和23年法律第121号）第2条第5項及び同条第13項第2号により定める事業を実施している中小企業等であっても、当該事業を停止して新たな事業を行う場合は、支援対象となります。

⑧ 暴力団員による不当な行為の防止等に関する法律（平成3年法律第77号）第2条に規定する暴力団または暴力団員と関係がある中小企業等による事業

⑨ 政治団体、宗教上の組織または団体による事業

⑩ 重複案件

・同一法人・事業者が今回の公募で複数申請を行っている事業

・テーマや事業内容から判断し、（過去または現在の）国（独立行政法人等を含む）が助成する他の制度（補助金、委託費、固定価格買取制度等）と同一または類似内容の事業

・他の法人・事業者と同一または類似内容の事業

⑪　申請時に虚偽の内容を含む事業

⑫　その他申請要件を満たさない事業

■ 補助対象費用となるか

　補助対象となる費用も決まっています。

　建物費、建物取壊費用、賃貸物件等の原状回復機械装置・システム構築費（リース料を含む）、技術導入費、専門家経費、運搬費、クラウドサービス利用費、外注費、知的財産権等関連経費、広告宣伝・販売促進費、研修費が対象です。ものづくり補助金等と比べると、建物費、広告宣伝費が対象となったとことが注目されます。開発業者に委託して専用ソフトウエアを構築する場合は「機械装置費」として対象費用となります

　一方、以下の経費は、補助対象になりません。

①　事務所等に係る家賃、保証金、敷金、仲介手数料、光熱水費

②　フランチャイズ加盟料

③　電話代、インターネット利用料金等の通信費（クラウドサービス利用費に含まれる付帯経費は除く）

④　商品券等の金券

⑤　販売する商品の原材料費、文房具などの事務用品等の消耗品代、雑誌購読料、新聞代、団体等の会費

⑥　飲食、娯楽、接待等の費用

⑦　不動産の購入費、株式の購入費、自動車等車両（事業所内や作業所内のみで走行し、自動車登録番号がなく、公道を自走することができないものを除く）の購入費・修理費・車検費用

⑧　税務申告、決算書作成等のために税理士、公認会計士等に支払う費用および訴訟等のための弁護士費用

⑨　収入印紙

⑩　振込等手数料（代引手数料を含む）および両替手数料

⑪　公租公課（消費税および地方消費税額（以下「消費税等」という）等）

⑫　各種保険料

⑬　借入金などの支払利息および遅延損害金

⑭　事業計画書・申請書・報告書等の事務局に提出する書類作成・提出に係る費用

⑮　汎用性があり、目的外使用になりうるもの（たとえば、事務用のパソコン、プリンタ、文書作成ソフトウエア、タブレット端末、スマートフォンおよびデジタル複合機、家具等）の購入費

⑯　中古市場において広く流通していない中古機械設備など、その価格設定の適正性が明確でない中古品の購入費（3者以上の中古品流通事業者から型式や年式が記載された相見積りを取

得している場合等を除く）

⑰　事業に係る自社の人件費、旅費

⑱　上記のほか、公的な資金の用途として社会通念上、不適切
　と認められる経費

事業再構築補助金の採択を受けるための秘訣は何ですか〈1〉

まずは事業再構築補助金の審査がどのように行われているかを把握しましょう。

■ 審査項目と配点

　補助金の採択を受けるための一般的なコツはQ9で述べましたので、ここでは事業再構築補助金に絞って採択を受けるためのポイントを説明します。まずは、審査項目をみてみましょう。次頁表は事業再構築補助金の審査項目です。

　ものづくり補助金の審査項目が「技術面」「事業化面」「政策面」とされているのに対して、事業再構築補助金は「事業化点」「再構築点」「政策点」とされています。大きな違いは、ものづくり補助金が技術面に着目した審査であるのに対して、事業再構築補助金は読んで字のごとく「再構築」に着目した補助金ということです。当たり前のことをいっているようですが、このポイントをしっかりと把握し、事業計画書に織り込んでいかないと、採択には近づきません。

　まずは審査項目を確実に理解して、事業計画書に何を記載すべきか、記載しなくてよいのかを把握することが重要です。

〈事業再構築補助金の審査項目（令和２年度３次補正）〉

(1) 補助対象事業としての適格性
「４．補助対象事業の要件」を満たすか。補助事業終了後３〜
５年計画で「付加価値額」年率平均3.0%（【グローバルＶ字回復
枠】については5.0%）以上の増加等を達成する取組みであるか。

(2) 事業化点

① 本事業の目的に沿った事業実施のための体制（人材、事務処
理能力等）や最近の財務状況等から、補助事業を適切に遂行で
きると期待できるか。また、金融機関等からの十分な資金の調
達が見込めるか。

② 事業化に向けて、競合他社の動向を把握すること等を通じて
市場ニーズを考慮するとともに、補助事業の成果の事業化が寄
与するユーザー、マーケット及び市場規模が明確か。市場ニー
ズの有無を検証できているか。

③ 補助事業の成果が価格的・性能的に優位性や収益性を有し、
かつ、事業化に至るまでの遂行方法及びスケジュールが妥当
か。補助事業の課題が明確になっており、その課題の解決方法
が明確かつ妥当か。

④ 補助事業として費用対効果（補助金の投入額に対して増額が
想定される付加価値額の規模、生産性の向上、その実現性等）
が高いか。その際、現在の自社の人材、技術・ノウハウ等の強
みを活用することや既存事業とのシナジー効果が期待されるこ
と等により、効果的な取組となっているか。

(3) 再構築点

① 事業再構築指針に沿った取組みであるか。また、全く異なる
業種への転換など、リスクの高い、思い切った大胆な事業の再
構築を行うものであるか。

② 既存事業における売上の減少が著しいなど、新型コロナウイ
ルスの影響で深刻な被害が生じており、事業再構築を行う必要
性や緊要性が高いか。

③ 市場ニーズや自社の強みを踏まえ、「選択と集中」を戦略的
に組み合わせ、リソースの最適化を図る取組であるか。

④ 先端的なデジタル技術の活用、新しいビジネスモデルの構築等を通じて、地域のイノベーションに貢献し得る事業か。

(4) 政策点

① 先端的なデジタル技術の活用、低炭素技術の活用、経済社会にとって特に重要な技術の活用等を通じて、我が国の経済成長を牽引し得るか。

② 新型コロナウイルスが事業環境に与える影響を乗り越えてV字回復を達成するために有効な投資内容となっているか。

③ ニッチ分野において、適切なマーケティング、独自性の高い製品・サービス開発、厳格な品質管理などにより差別化を行い、グローバル市場でもトップの地位を築く潜在性を有しているか。

④ 地域の特性を活かして高い付加価値を創出し、地域の事業者等に対する経済的波及効果を及ぼすことにより雇用の創出や地域の経済成長を牽引する事業となることが期待できるか。

⑤ 異なるサービスを提供する事業者が共通のプラットフォームを構築してサービスを提供するような場合など、単独では解決が難しい課題について複数の事業者が連携して取組むことにより、高い生産性向上が期待できるか。また、異なる強みを持つ複数の企業等（大学等を含む）が共同体を構成して製品開発を行うなど、経済的波及効果が期待できるか。

(5) 加点項目【令和3年の国による緊急事態宣言の影響を受けた事業者に対する加点】

① 令和3年の国による緊急事態宣言に伴う飲食店の時短営業や不要不急の外出・移動の自粛等により影響を受けたことにより、2021年1月～6月のいずれかの月の売上高が対前年（又は対前々年）同月比で30%以上減少していること。

② 上記①の条件を満たした上で、2021年1月～6月のいずれかの月の固定費（家賃＋人件費＋光熱費等の固定契約料）が同期間に受給した協力金の額を上回ること。

③ データに基づく政策効果検証・事業改善を進める観点から、経済産業省が行うEBPMの取組に対して、採否に関わらず、継続的な情報提供が見込まれるものであるか。（令和2年3次補

正　第2回公募時点の加点項目）

（出所）　公募要領より

　この審査項目(1)の補助対象事業としての適格性は、審査項目というより、そもそもこの項目が満たされていないと申請の要件を満たしていないということになり、審査以前に応募資格がないといえます。なぜ審査項目に記載されているのか、疑問を感じます。審査項目(2)から(5)が重要です。

■ 審査の実態

　事業化点、技術面について、中小企業診断士資格をもつ専門家が審査を引き受けて行います。ただし、専門家といってもその補助事業にふさわしい専門家が割り振られることはなく、ランダムに数多くの審査を手がけます。そのため、1件の審査にあたってそれほど多くの時間をかけることができないようです。人により異なるようですが、1件1時間程度で審査を行います。また、審査レベルの平準化のため、1つの申請案件（事業計画）を複数の審査委員が審査します。

　審査委員がその当該業種業界について素人の目線で審査すること、審査員は審査結果に関するレポートも作成しなければならず、それも含めて1時間くらいでの作業となると、事業計画自体を読むのに、それほど多くの時間をかけないということから、わかりやすい記載が重要となります。専門用語は使わず、もし使う場合には説明を加えるなどの配慮が必要です。

次に政策点は、行政サイドが審査を行います。補助金の主旨に照らし、効果が見込めるかどうかを審査します。

　最終的に事業化点、再構築点、政策点の３つの区分の合計点の高い順に採択されます。あくまで筆者の経験則になりますが、これら３つの審査項目の合計は100点満点となっており、それぞれに点数が付与されています（おそらく、事業化点40点、再構築点40点、政策点20点でないかと推測）。

　そこに加点が加わって、110点から115点満点。およそ65点から70点が採択のボーダーラインの審査となっていると思います。

　事業計画書の記載内容は、すべての審査項目に対応させる必要があります。とはいえ、審査項目を箇条書きにして記載するわけにはいきません。基本的な記載方法のルールがあるのです。これを知っておくと、事業再構築補助金だけでなく、その他の補助金申請においても無駄のない計画作成ができるようになると思います。

Q20 事業再構築補助金の採択を受けるための秘訣は何ですか〈2〉

審査項目にもれなく触れた、審査委員にとって読みやすく、わかりやすい「事業計画書」を作成します。

■ 読みやすく、審査項目すべてを網羅する記載方法

　Q19で紹介した審査項目について、もれることなく、さらに審査委員にとって読みやすくわかりやすい記載方法とは、どのようなものでしょうか。事業再構築補助金の「事業計画書」の作成方法のノウハウを公開しましょう。

　まずは「事業計画書」の内容をみていきましょう。事業再構築補助金もものづくり補助金も、記載内容はほぼ同じです。

　事業再構築補助金事務局のホームページから事業計画書の様式をダウンロードします。審査対象となる「4．事業概要」の内訳は次のようになっています(令和2年度3次補正第3回公募)。

(1)　事業類型

(2)　補助事業計画名（30字程度）

(3)　事業計画書の概要（最大100字程度）

(4)　事業再構築の類型を選択（略）

(5)　事業計画書

　(1)から(3)は、あまりむずかしく考える必要はありません。(1)と(2)は、(5)の事業計画書が完成してから最後に記載すると効率

的です。

　さて、最も重要なのが(5)の事業計画書の具体的な内容です（次図を参照）。主にこの内容を審査することになります。この(5)の「１：補助事業の具体的取組内容」から「４：収益計画」までで、最大15枚（補助金額1,500万円以下の場合は最大10枚）としてください。多少のオーバーは許容範囲ですが、あまりに大きなオーバーは審査員の心象もよくありません。ただし、オーバーしたからといって採択に直接的に関係するものではないと注記されています。

〈「(5)　事業計画書」の様式〉

　１：補助事業の具体的取組内容（資料は最大15枚（補助金額1,500万円以下の場合は最大10枚）としてください）
(1)　事業再構築要件について
　　選択した事業再構築の類型について、「事業再構築指針」に定める該当要件を満たすことを、「事業再構築指針の手引き」も参考としながら示してください。
(2)　具体的な取組の内容
①　現在の事業の状況、強み・弱み、機会・脅威、事業環境、事業再構築の必要性、事業再構築の具体的内容（提供する製品・サービス、導入する設備、工事等）、今回の補助事業で実施する新分野展開や業態転換、事業・業種転換等の取組、事業再編又はこれらの取組について具体的に記載してください。事業実施期間内に投資する建物の建設・改修等の予定、機械装置等の型番、取得時期や技術の導入や専門家の助言、研修等の時期についても、可能な限り詳細なスケジュールを記載してください。※必要に応じて、図表や写真等を用いて、具体的に記載してください。

<u>2：将来の展望（事業化に向けて想定している市場及び期待される効果）</u>

① 本事業の成果が寄与すると想定している具体的なユーザー、マーケット及び市場規模等について、その成果の価格的・性能的な優位性・収益性や課題やリスクとその解決方法などを記載してください。

② 本事業の成果の事業化見込みについて、目標となる時期・売上規模・量産化時の製品等の価格等について簡潔に記載してください。

③ 必要に応じて図表や写真等を用い、具体的に記載してください。

<u>3：本事業で取得する主な資産</u>

本事業により取得する主な資産（単価50万円以上の建物、機械装置・システム等）の名称、分類、取得予定価格等を記載してください。（補助事業実施期間中に、別途、取得財産管理台帳を整備していただきます。）

建物の事業用途又は機械装置等の名称・型番	建物又は製品等分類（<u>日本標準商品分類、中分類</u>）	取得予定価格	建設又は設置等を行う事業実施場所（1．申請者の概要で記載された事業実施場所に限ります。）
		円	
		円	
		円	
		円	
		円	
		円	
		円	

4：収益計画

　本事業は、<u>事業終了後3～5年で、付加価値額の年率平均3.0%（【グローバルV字回復枠】については5.0%）以上、又は従業員一人当たり付加価値額の年率平均3.0%（【グローバルV字回復枠】については5.0%）以上の増加を見込む事業計画を策定していただく必要があります。</u>

① 本事業の実施体制、スケジュール、資金調達計画等について具体的に記載してください。

② 収益計画（表）における「付加価値額」の算出については、算出根拠を記載してください。

③ 収益計画（表）で示された数値は、補助事業終了後も、毎年度の事業化状況等報告等において伸び率の達成状況の確認を行います。

（単位：円）

	直近の決算年度 ［ 年 月］	補助事業終了年度（基準年度） ［ 年 月］	1年後 ［ 年 月］	2年後 ［ 年 月］	3年後 ［ 年 月］	4年後 ［ 年 月］	5年後 ［ 年 月］
① 売上高							
② 営業利益							
④ 経常利益							
⑤ 人件費							
⑥ 減価償却費							
付加価値額 （②+④+⑤）							
伸び率（%）							
従業員数（任意）							
従業員一人あたりの付加価値額（任意）							
従業員一人あたりの付加価値額伸び率（%）							

※基準年度には、補助事業終了年度（補助事業終了月の属する決算年度）の見込み値を入力してください。
※実績値が判明次第、実績の数字に置き換えて、付加価値額の伸び率の達成状況を確認します。
※「直近の決算年度」と「基準年度」は補助事業終了年度次第では連続しないことがありますが、差し支えありません。

（出所）　事業再構築補助金事務局ホームページ

　事業計画書の具体的な内容に何をどのように記載するのかというと、様式内にすでに記載されている指示をみると、

　「1：補助事業の具体的取組内容」には
・要件に適合しているかを明示すること
・なぜ再構築が必要なのか
・なぜその事業（補助事業）が必要だと判断したのか
・再構築する事業の具体的な取組内容
・事業を進めるための体制やスケジュール
・自社の経営資源をどのように活かして再構築を行うのか
を明確にして、

　「2：将来の展望」では
・どのような市場をターゲットにしているのか、その選択は妥当か
・補助事業によって、他社とどのような差別化（優位性）を獲得できるのか
・3年から5年にわたる事業計画期間の営業戦略
を明確にすべきことがわかります。

　「3：本事業で取得する主な資産」は、電子申請のために必

要な資料なので、記入もれや間違いがないようにに記載します。

　「4：収益計画」では、収益計画（表）に、事業終了後3年から5年で付加価値額の年率平均3.0%の増加を記載しますが、その根拠を具体的に示すことが必要です。この表には補助事業を含む会社全体の売上高、付加価値額を記載しますので、補助事業単体での収益計画と既存事業単体での収益計画を作成し、その数値を合算する記載方法のほうが全体の収益計画の数値の根拠説明を行うには合理的です。

　補助金の申請には専門的なノウハウが必要だと思われがちですが、専門的なノウハウは必要ありません。このページに記載した内容をわかりやすく、図、写真なども用いながら審査員に伝えるという軸を外さなければ、着実に審査項目に適合し、得点が可能となります。

Q21 事業再構築補助金ではどのような案件が採択を受けやすいのですか

新型コロナウイルス感染症で受けた影響からV時回復するために、自社の経営資源を活かして、新しい取組みに大胆かつ、戦略的にチャレンジする案件が通りやすいといえます。

■ 審査項目の再構築点が重要

ものづくり補助金の審査では、補助事業の技術面に着目すると、革新性があるか、補助事業が申請事業者の技術の高度化につながるのかが明らかとなり、申請案件の優劣が判断しやすいといえます。採択の決め手となる要素だといってもいいでしょう。

一方で、事業再構築補助金の場合、何が申請案件の優劣判断の決め手となるかといえば、そのヒントは、審査項目のなかに隠れていると感じます。

そこで、事業再構築補助金(令和2年度第3次補正第2回公募)の審査項目から、ここが決め手となりそうだというところを抜き出してみました

・現在の自社の人材、技術・ノウハウ等の強みを活用することや既存事業とのシナジー効果が期待されること等により、効果的な取組みとなっているか。【事業化点④】

・リスクの高い、思い切った大胆な事業の再構築を行うもので

あるか。【再構築点①】

・市場ニーズや自社の強みをふまえ、「選択と集中」を戦略的に組み合わせ、リソースの最適化を図る取組みであるか。【再構築点③】

・新型コロナウイルスが事業環境に与える影響を乗り越えてＶ字回復を達成するために有効な投資内容となっているか。【政策点②】

　これらは、何か同じような内容に感じませんか？　簡潔にいえば、新型コロナウイルス感染症で受けた影響からＶ時回復するために、自社の経営資源を活かして、新しい取組に大胆にチャレンジする案件といえないでしょうか。

　これらは別の審査項目であり、それぞれに配点が付されています。筆者独自の予測ですが、これらの項目に適合した内容であれば、100点満点中20点から30点が獲得できるのではないかと判断できます。この予測が正しければ、これらの項目は採択の決め手として十分な要素ということになります。

■ 戦略的にチャレンジする案件……とは市場分析と差別化をしっかり行うということ

　1次公募における不採択案件が、どんな点で不採択となっているかを分析すると、大きく分けると、次のような理由で不採択となっていることがわかります。

1)　市場分析が弱い……競合他社の調査をしっかりしていない。

2) 差別化戦略が弱い……価格や性能、品質、サービスの内容が競合他社と明確に差別化できていないので優位性を感じられない。

3) 収益計画が甘い……計画の数値に整合性がない（たとえば、事業計画にテイクアウトでハンバーガーとフライドチキンを売ると書いてあるのに、収益計画の売上の根拠の説明ではハンバーガー〇個分×日数という表記しかされていない）。

・計画に書かれている、売上の根拠などが短絡的でしっかり練られていない。

つまり、これらは、補助金を使って初めての事業に取り組むわけなので、しっかりと戦略を立て、分析を行ってからでないと失敗しますよという趣旨のことをいっています。

正直にいって、われわれ補助金支援の専門家にとって、事業計画の記載内容をしっかりと審査項目に対応させることで、ある程度の点数を獲得することは可能です。しかし、事業再構築補助金はこうした記載方法のテクニカルな部分だけでは、大きな点数の差が出にくいのではないかと思います。

収益化や差別化に向けた戦略をしっかり練るのは、企業が本気になって行わないとできないことで、認定支援機関だけでは計画策定がむずかしい内容なのです。

すなわち、これまでの他の補助金よりも、企業の事業に向けた本気度を試されている審査内容に感じます。補助金をもらえたら何かやってみたいというような甘い考え方の事業計画は、審査においては点数が低くなります。よくできた審査項目だと

思います。

　事業再構築補助金の採択に向けては、新型コロナウイルス感染症で受けた影響からⅤ時回復するために、自社の経営資源を活かして、新しい取組みに大胆かつ戦略的にチャレンジするという意欲をしっかりアピールすることが最も重要だと思います。

事業再構築補助金の事業計画書を作成するにあたり、どのような表現を心がけるべきですか。ものづくり補助金の事業計画書との違いは何ですか

専門用語をなるべく避けること、写真や図を多用してわかりやすく説明するように心がけることがどんな補助金にも有効です。とりわけ事業再構築補助金では、既存事業、新規事業をそれぞれ丁寧に説明すること、審査項目すべてに対応したバランスのよい計画を作成することが重要です。

■ 専門用語や文章ばかりでは審査に悪影響

　審査はその業界については素人の審査員が行うと考えて、業界の専門用語はなるべく使わないようにしましょう。もし使う場合は、説明書きを加えるなどの配慮が必要です。

　審査員には相当数の審査案件が配布されていて、1件当りにそれほど長い時間をかけていられないようです。個人差はありますが、およそ1時間程度が1案件に要する審査時間と推測します。であれば、わからない専門用語や技術をいちいち丁寧に調べる時間はない状況だと考えたほうがよく、その事業についてまったく知識のない人が一読して、内容が把握できるような記載方法を意識しましょう。

　また、文章ばかりの長々とした記載内容は、事業内容のイ

メージが湧きにくい、要点が把握しにくいなどのデメリットが
あります。写真、図などを多用するのがお勧めです。

■ 3つのポイントを明確にする

「Q21　事業再構築補助金ではどのような案件が採択を受け
やすいのですか」では、新型コロナウイルス感染症で受けた影
響からV時回復するために、自社の経営資源を活かして、新し
い取組みに大胆かつ戦略的にチャレンジする案件が通りやすい
といえると述べました。この点をふまえつつ、事業再構築補助
金の事業計画書を作成するにあたり、具体的にどのような表現
を心がけるべきか、また、ものづくり補助金の事業計画書とは
どのような点が違うのかについて説明します。

(1)　SWOT分析を活かす

事業再構築補助金にはSWOT分析が必要とされています（も
のづくり補助金には必要とされていません）。なぜSWOT分析が
必要なのかというと、審査項目の再構築点②にある「再構築の
緊要性（差し迫って必要であること）を明確にすること」、再構
築点③にある「市場ニーズや自社の強みをふまえ、「選択と集
中」を明確にすること」が求められるからです。

SWOT分析とは、自社の現状を内部環境と外部環境に分け
て、それらを統合的に分析するマーケティング手法の1つで、
事業計画を作成する際によく用いられるフレームワークです。
Sは「Strength（強み）」、Wは「Weakness（弱み）」、Oは
「Opportunity（機会）」、Tは「Threat（脅威）」の頭文字をとっ

ています。

　自社の強み（S）を明確にし、既存事業のリスク（W）を回避すべく、期待できる市場（O）へチャレンジする取組みであることを合理的に表現するわけです。

⑵　自社の経営資源を活かす

　事業再構築補助金の事業計画書の表現において、最も重要な点は、「再構築」とは何かという軸を外さないことです。国の補助金は、事業の増強、雇用増加を期待します。これまで培ってきたノウハウ、ヒト、事業資産を活かして行う大胆な事業モデルチェンジを期待していますので、自社の経営資源をどのように新たな事業に活かすかの工夫を表現できるといいです。その点が記載されていないために、既存事業の従業員や顧客との取引はどうなってしまうのかと心配になってしまう事業計画書も見受けられます。これは、補助金の政策としては、望ましくない計画となります。再構築というと「スクラップ＆ビルド」のイメージがありますが、スクラップでこれまでやってきたことを捨ててしまうことは国の本意ではないことを認識しておきましょう。

⑶　表現しきれない審査項目は表にして自己分析しておく

　ものづくり補助金の事業計画書は補助事業による「技術の高度化」にこだわって計画を記載することが重要ですが、事業再構築補助金では、既存事業の状況、再構築事業の具体的内容、経営資源がどのように活かされるのか、既存事業との相乗効果など、表現しなくてはいけない内容が多岐にわたりますので、

審査項目をにらみつつ、要点を絞ったバランスのよい計画を作成することが有効です。それでも、事業計画書には15ページ以内（補助金額が1,500万円以下は10ページ）という制限があるので、すべての審査項目を網羅する十分な記載を行うのはなかなかむずかしいのが実情です。

　また、審査委員にとって、多様な記載様式で提出される15ページの事業計画書の、どの部分がどの審査項目に対応するのかを見つけ出すのは、負担の大きい作業です。そのため、事業計画書から見つけ出しにくい審査項目などは一覧表にして、自己評価をしておく、計画内では伝えきれなかった部分などは補記する、という方法が有効だと考えます（下図を参照）。

〈自己評価の記載例〉

---

(1)　審査項目の政策点等に対する評価
　最後に本事業が地域の技術革新や国の政策にのっとった取組みであるかを、審査項目に関連づけて検証した。その結果を以下のとおり示す（再構築点④、政策点①～⑤に対する検証）。
政策点④
　「地域の特性を活かして高い付加価値を創出し、地域の事業者等に対する経済的波及効果を及ぼすことにより雇用の創出や地域の経済成長を牽引する事業となることが期待できるか」について
【自己評価】
　補助事業は、業界では先端的といえる○○○○システムを導入し、コロナ感染防止対策に資する取組みである。また、共働き世帯の中食ニーズに対応することで、地域の食生活における利便性向上におおいに貢献しうる事業といえる。

（出所）　筆者作成

Q23 ものづくり補助金とはどのような補助金ですか

中小企業の技術革新や新サービス開発を支援するために、経済産業省と中小企業庁が平成21年度からスタートさせた補助金です。平成24年度に大幅に予算が拡充され、認定支援機関が関与するようになりました。

■ ものづくり補助金とは

　ものづくり補助金とは、中小企業の技術革新や新サービス開発を支援するために、経済産業省と中小企業庁が平成21年度補正予算からスタートさせた補助金です。平成24年度の認定支援機関の創設と同時に名称を「ものづくり・商業・サービス経営力向上支援補助金」に変更して大幅に予算が拡充され、大きな注目を集めました。

　ものづくり補助金は、試作品や新商品の開発、新サービスの導入、設備投資などを行う中小企業を対象に、かかった機械装置費、システム導入費の3分の2までを補助する制度です。この補助金を利用した中小企業は、平成21年度から令和2年度までの累計で約7万社に達しています。

　補助金の金額、要件は毎年少しずつ異なりますが、直近では令和3年5月に令和元年度補正・令和2年度補正の7次公募が行われ、8月に締め切られました。

■ 事業再構築補助金とともに難易度は最高レベル

　ものづくり補助金の事業計画に求められる内容は、事業再構築補助金と同様、認定支援機関による支援を必要とする補助金のなかで最高レベルです。私どもの研修では、認定支援機関として「ものづくり補助金」が理解できれば、すべての補助金に対応できると案内しています。

■ ものづくり補助金がないと地方はもたない

　事業者や認定支援機関だけではなく、機械メーカーも「もの

〈一般型〉

項　目	要　件
概要	中小企業者等が行う「革新的な製品・サービス開発」又は「生産プロセス・サービス提供方法の改善」に必要な設備・システム投資等を支援
補助金額	100万円〜1,000万円
補助率	［通常枠］中小企業者　1/2、小規模企業者・小規模事業者　2/3 ［低感染リスク型ビジネス枠特別枠］　2/3
設備投資	単価50万円（税抜き）以上の設備投資が必要
補助対象経費	［通常枠］機械装置・システム構築費、技術導入費、専門家経費、運搬費、クラウドサービス利用費、原材料費、外注費、知的財産権等関連経費 ［低感染リスク型ビジネス枠］上記に加えて、広告宣伝費・販売促進費

〈グローバル展開型〉

項　目	要　件
概要	中小企業者等が海外事業の拡大・強化等を目的とした「革新的な製品・サービス開発」又は「生産プロセス・サービス提供方法の改善」に必要な設備・システム投資等を支援（①海外直接投資、②海外市場開拓、③インバウンド市場開拓、④海外事業者との共同事業のいずれかに合致するもの）
補助金額	1,000万円～3,000万円
補助率	中小企業者　1/2、小規模企業者・小規模事業者 2/3
設備投資	単価50万円（税抜き）以上の設備投資が必要
補助対象経費	機械装置・システム構築費、技術導入費、専門家経費、運搬費、クラウドサービス利用費、原材料費、外注費、知的財産権等関連経費、海外旅費

（出所）　公募要領より

づくり補助金は毎年実施してもらいたい」と期待しています。予算編成時点では、補助金依存型の設備導入を問題視する声もあるようですが、この補助金がないと地方の設備投資が消えてしまうとの声が強く、最終的には経済産業省の中小企業対策予算の主軸として補正予算が組まれ続けています。

　事業再構築補助金は単発で終わる制度かもしれませんが、ものづくり補助金は今後も存続する補助金だと思います。

〈ものづくり補助金の採択結果〉

締切回	採択発表日	応募者数	採択者数	採択率
1次	令和2年4月28日	2,287	1,429	62.5%
2次	令和2年6月30日	5,721	3,267	57.1%
3次	令和2年9月25日	6,923	2,637	38.1%
4次〔一般型〕	令和3年2月18日	10,041	3,132	31.2%
4次〔グローバル展開型〕		271	46	17.0%
5次〔一般型〕	令和3年3月31日	5,139	2,291	44.6%
5次〔グローバル展開型〕		160	46	28.8%

（出所）　筆者作成

Q24 ものづくり補助金の支援にあたり、認定支援機関として必要な知識は何ですか

「補助対象者」「補助対象事業」「補助対象費用」をしっかり確認することが大切です。

■ 補助金支援の入口で確認すべき事項

私どもの研修では、認定支援機関として「事業再構築補助金」や「ものづくり補助金」の採択の実績ができれば、すべての補助金に対応できると話しています。それだけ、この2つ補助金の支援業務のレベルは高いといえます。採択を受けるための秘訣の前に、重要な実務知識があります。その点を確認しておきましょう。

　私どもはこれまで数多くの補助金の申請に関与してきましたが、最も残念だと思うのが、しっかりとした内容の事業計画の策定まで行っているのに、そもそもその事業が補助対象ではないというケースです。認定支援機関としてはこうした「間違い」が起こらないよう、最初に事業者の取組内容をしっかり把握して、以下に述べるように、当該事業者が対象となる事業者であるかどうか、取り組む事業内容が補助対象となる事業かどうか、費用は対象となるか、を入口でしっかりと確認しましょう。

　事業計画の内容に目が行きがちですが、補助金支援業務にお

いては、実はこうした基本的な対象となるかどうかの確認がおろそかになってトラブルになるケースもありますので、注意が必要です。

■ 補助対象者となるか

ものづくり補助金を受給するためには、
・中小企業者であること
・組合は公募要領に表示されている組合等に該当すること
が必要です。

公募要領に表示されていない組合、財団法人（公益・一般）、社団法人（公益・一般）、医療法人、社会福祉法人、法人格のない任意団体は補助対象となりません。

また、みなし大企業や、応募申請時点において、確定している（申告ずみの）直近過去3年分の各年または各事業年度の課税所得の年平均額が15億円を超える中小企業者も対象とならないなどのルールが定められていています。採択後に、みなし大企業であることが判明して採択取消しとなったケースも実際にありますので、しっかりと確認しておく必要があります。

■ 補助対象事業となるか

補助対象となる事業は、革新的サービス開発・試作品開発・生産プロセスの改善を行うための設備投資等です。

一方、次にあげる事業は補助対象となりません。審査において、以下に該当すると判断された場合は不採択となります。ま

た、採択・交付決定後に以下に該当すると確認された場合も、採択・交付決定が取消しとなります。

① 本公募要領にそぐわない事業

② 事業の主たる課題の解決そのものを他社へ外注または委託する事業（グローバル展開型において、海外子会社等へ外注する場合を除く）

③ 試作品等の製造・開発のすべてを他社に委託し、企画だけを行う事業

④ 事業の実施にあたり、実質的に労働を伴わない事業、もっぱら資産運用的性格の強い事業

⑤ 購入した設備を自ら占有し、事業の用に供することなく、特定の第三者に長期間賃貸させるような事業

⑥ 公序良俗に反する事業

⑦ 風俗営業等の規制及び業務の適正化等に関する法律（昭和23年法律第122号）第2条により定める事業

⑧ 暴力団員による不当な行為の防止等に関する法律（平成3年法律第77号）第2条に規定する暴力団または暴力団員と関係がある中小企業等による事業

⑨ 政治団体、宗教上の組織または団体による事業

⑩ 「補助対象経費」の各区分等に設定されている上限を超える補助金を計上する事業

⑪ 重複案件

・同一法人・事業者が今回の公募で複数申請を行っている事業（50％超の議決権を有する子会社は同一法人とみなします）

・テーマや事業内容から判断し、（過去または現在の）国（独立行政法人等を含む）が助成する制度（本事業を含む補助金、委託費等）と同一または類似内容の事業（交付決定を受けていない過去の申請を除く）

・中小企業生産性革命推進事業の他の補助金（小規模事業者持続化補助金等）と同一の補助対象を含む事業

・他の中小企業・小規模事業者等から提出された事業と同一もしくはきわめて類似した内容の事業

⑫　申請時に虚偽の内容を提出した事業者による事業

⑬　平成26年度から30年度のものづくり・商業・サービス補助事業の採択事業者のうち、「事業化状況・知的財産権等報告書」を未提出の事業者による事業

⑭　応募申請時点において、一時的に資本金の減額や従業員数の削減を行い、補助事業実施期間終了後に資本金の増額や従業員数の増加を行うなど、もっぱら本事業の対象事業者となることのみを目的として、資本金、従業員数等を変更していると認められる事業者による事業

⑮　その他申請要件を満たさない事業

■ 補助対象費用となるか

　補助対象となる費用も決まっています。機械装置費、技術導入費、運搬費、専門家経費、クラウド利用費が対象となります。たとえば、サービス事業者が開発業者に委託して専用ソフトウエアを構築する場合は「機械装置費」として対象費用とな

ります。令和元年度補正予算より、中古の機械設備も対象となりました。

しかし、以下のものは対象となりません。

① 補助事業期間中の販売を目的とした製品、商品等の生産に係る機械装置・システム構築費以外の諸経費（テスト販売を除く）

② 工場建屋、構築物、簡易建物（ビニールハウス、コンテナ、ドームハウス等）の取得費用、およびこれらをつくりあげるための組立用部材の取得費用

③ 設置場所の整備工事や基礎工事に要する費用

④ 事務所等に係る家賃、保証金、敷金、仲介手数料、光熱水費

⑤ 電話代、インターネット利用料金等の通信費（クラウドサービス利用費に含まれる付帯経費は除く）

⑥ 商品券等の金券

⑦ 文房具などの事務用品等の消耗品代、雑誌購読料、新聞代、団体等の会費

⑧ 飲食、奢侈、娯楽、接待等の費用

⑨ 不動産の購入費、自動車等車両（＊）の購入費・修理費・車検費用

　＊事業所や作業所内のみで走行し、自動車登録番号がなく、公道を自走することができないものを除きます。

⑩ 税務申告、決算書作成等のために税理士、公認会計士等に支払う費用および訴訟等のための弁護士費用

⑪　収入印紙

⑫　振込等手数料（代引手数料を含む）および両替手数料

⑬　公租公課（消費税および地方消費税額等）

⑭　各種保険料

⑮　借入金などの支払利息および遅延損害金

⑯　事業計画書・申請書・報告書等の事務局に提出する書類作成・申請に係る費用

⑰　汎用性があり、目的外使用になりうるもの（たとえば、事務用のパソコン・プリンタ・文書作成ソフトウエア・タブレット端末・スマートフォンおよびデジタル複合機など）の購入費

⑱　中古市場において広く流通していない中古機械設備など、その価格設定の適正性が明確でない中古品の購入費（3者以上の中古品流通事業者から型式や年式が記載された相見積りを取得している場合等を除く）

⑲　事業に係る自社の人件費（ソフトウエア開発等）

⑳　上記のほか、公的な資金の用途として社会通念上、不適切と認められる経費

Q 25　ものづくり補助金の採択を受けるための秘訣は何ですか〈1〉

まずは審査がどのように行われているかを把握しましょう。

■ 審査項目と配点

　補助金の採択を受けるための一般的なコツはＱ9で述べましたので、ここではものづくり補助金に絞って採択を受けるためのポイントを説明します。まずは、ものづくり補助金の審査内容をみてみましょう。次図はものづくり補助金（令和2年度補正）の審査項目と点数配分です。

〈ものづくり補助金の審査項目（令和元年度補正・令和2年度補正）〉

---

(1)　技術面　①から④それぞれ10点　計40点
①　新製品・新サービス（既存技術の転用や隠れた価値の発掘（設計・デザイン、アイデアの活用等を含む））の革新的な開発となっているか。「中小サービス事業者の生産性向上のためのガイドライン」や「中小企業の特定ものづくり基盤技術の高度化に関する指針」に沿った取組みであるか。
②　試作品・サービスモデル等の開発における課題が明確になっているとともに、補助事業の目標に対する達成度の考え方を明確に設定しているか。
③　課題の解決方法が明確かつ妥当であり、優位性が見込まれるか。
④　補助事業実施のための技術的能力が備わっているか。

---

(2) 事業化面　①から④それぞれ10点　計40点

① 事業実施のための体制（人材、事務処理能力等）や最近の財務状況等から、補助事業を適切に遂行できると期待できるか。金融機関等からの十分な資金の調達が見込まれるか。

② 事業化に向けて、市場ニーズを考慮するとともに、補助事業の成果の事業化が寄与するユーザー、マーケットおよび市場規模が明確か。クラウドファンディング等を活用し、市場ニーズの有無を検証できているか。

③ 補助事業の成果が価格的・性能的に優位性や収益性を有し、かつ、事業化に至るまでの遂行方法およびスケジュールが妥当か。

④ 補助事業として費用対効果（補助金の投入額に対して想定される売上・収益の規模、その実現性等）が高いか。

(3) 政策面　①から③で20点

　＊令和元年補では、政策面の審査項目の内容が変更となっています。

① 地域の特性を活かして高い付加価値を創出し、地域の事業者等に対する経済的波及効果を及ぼすことにより地域の経済成長を力強く牽引する事業を積極的に展開することが期待できるか（グローバル展開型では、事業の成果・波及効果が国内に還流することが見込まれるか）。

② ニッチ分野において、適切なマーケティング、独自性の高い製品・サービス開発、厳格な品質管理などにより差別化を行い、グローバル市場でもトップの地位を築く潜在性を有しているか。

③ 異なるサービスを提供する事業者が共通のプラットフォームを構築してサービスを提供するような場合など、単独では解決がむずかしい課題について複数の事業者が連携して取り組むことにより、高い生産性向上が期待できる。また、異なる強みをもつ複数の企業等（大学等を含む）が共同体を構成して製品開発を行うなど、経済的波及効果が期待できるか。

④ 先端的なデジタル技術の活用、低炭素技術の活用、環境に配慮した事業の実施、経済社会にとって特に重要な技術の活用、

新しいビジネスモデルの構築等を通じて、わが国のイノベーションを牽引しうるか。
⑤　感染拡大を抑えながら経済の持ち直しを図り、ウィズコロナ・ポストコロナに向けた経済構造の転換・好循環を実現させるために有効な投資内容となっているか〔低感染リスク型ビジネス枠のみ〕。

（出所）　全国中小企業団体中央会の資料より筆者加工

〈令和元年度補正・令和2年度補正予算におけるものづくり補助金の審査加点項目について〉

（1）　加点項目
①　成長性加点：「有効な期間の経営革新計画の承認を取得した（取得予定の）事業者」
②　政策加点：「小規模事業者」または「創業・第二創業後間もない事業者（5年以内）」
　※会社成立の年月日（個人事業主の場合は開業日）または代表取締役の就任日が公募開始日から5年以内である場合に対象となります。なお、個人事業主や組合にあっては「第二創業」の加点はありません。
③　災害等加点：「有効な期間の事業継続力強化計画の認定を取得した事業者」
④　賃上げ加点等：
　④-1　「事業計画期間において、給与支給総額を年率平均2％以上増加させ、かつ、事業場内最低賃金を地域別最低賃金＋60円以上の水準にする計画を有し、従業員に表明している事業者」または「事業計画期間において、給与支給総額を年率平均3％以上増加させ、かつ、事業場内最低賃金を地域別最低賃金＋90円以上の水準にする計画を有し、従業員に表明している事業者」
　④-2　「被用者保険の適用拡大の対象となる中小企業・小規模事業者等が制度改革に先立ち任意適用に取り組む場合」

※最大５項目の加点が可能（添付書類は最大４点）。加点項目
については、エビデンスとなる添付書類を提出し、各要件に
合致した場合にのみ加点されます。

(2) 減点項目
　過去３年間に、類似の補助金※の交付決定を受けていた場合、
交付決定の回数に応じて減点。
※平成29年度補正ものづくり・商業・サービス経営力向上支援
　事業、平成30年度補正ものづくり・商業・サービス生産性向
　上促進事業、令和元年度補正・令和２年度補正ものづくり・
　商業・サービス生産性向上促進事業

（出所）　全国中小企業団体中央会の資料より筆者加工

　審査項目は技術面、事業化面、政策面に分かれています。審
査項目はすべてに触れなくてはいけません。触れていないと得
点できないどころか、大きな減点となります。

　そのほか30点程度の加点がありますが、詳細な点数は公表さ
れていません。加点項目は以下のとおりです。また、令和元年
度補正より減点項目が登場しています。

■ 審査の実態

　技術面、事業化面について、中小企業診断士や技術士といっ
た専門家が審査を引き受けて行います。ただし、専門家といっ
てもその補助事業にふさわしい専門家が割り振られることはな
く、ランダムに数多くの審査を手がけます。そのため、１件の
審査にあたってそれほど多くの時間をかけることができないよ
うです。人により異なるようですが、１件１時間程度で審査を

行います。また、審査レベルの平準化のため、1つの申請案件（事業計画）を複数の審査委員が審査します。

　審査委員がその当該業種業界について素人の目線で審査すること、それほど多くの時間をかけないということから、わかりやすい記載が重要となります。専門用語は使わず、もし使う場合には説明を加えるなどの配慮が必要です。

　次に政策面は、行政サイドが審査を行います。補助金の主旨に照らし、効果が見込めるかどうかを審査します。

　最終的に技術面、事業化面、政策面の3つの区分の合計点の高い順に採択されます。

　この3区分の合計点は満点が100点となりますが、そこに加点項目が加わるので、年度により異なりますが、合計は110点から130点となります。

　事業計画書の記載内容は、すべての審査項目に対応させる必要があります。とはいえ、審査項目を箇条書きにして記載するわけにはいきません。基本的な記載方法のルールがあるのです。これを知っておくと、ものづくり補助金だけでなく、その他の補助金の計画作成が容易にできるようになると思います。

ものづくり補助金の採択を受けるための秘訣は何ですか〈2〉

審査項目にもれなく触れた、審査委員にとって読みやすく、わかりやすい「事業計画書」を作成します。

■ 読みやすく、審査項目すべてを網羅する記載方法

Q25で紹介した審査項目について、もれることなく、さらに審査委員にとって読みやすくわかりやすい記載方法とはどのようなものでしょうか。ものづくり補助金の「事業計画書」の作成方法のノウハウを公開しましょう。

まずは「事業計画書」の内容をみていきましょう。ものづくり技術も革新的サービスも、記入方法はほぼ同じです。

まず各都道府県の中小企業団体中央会のホームページから事業計画書の様式をダウンロードします。「2．事業内容」の内訳は次のようになっています（122頁からの表を参照）。

(1) 事業類型

(2) 事業計画名（30字程度）

(3) 事業計画の概要（100字程度）

(4) 事業分野

(5) 事業の具体的な内容

(1)から(3)は、あまりむずかしく考える必要はありません。(2)と(3)は(5)の事業の具体的な内容が完成してから最後に記載する

と効率的です。

　さて、最も重要なのが⑸の事業の具体的な内容です。主にこの内容を審査委員会で審査することになります（記載の分量で判断するものではありません）。

　ダウンロードされたWord形式のデータではたった1ページの分量ですが、すべての審査項目を網羅するには、この⑸の事業の具体的な内容について10ページ程度で作成する必要があります。図や写真を用いると事業のイメージやアピールポイントが明示しやすいので有効です。文章が長々と続いたり、文字が多すぎたりすると審査のポイントが絞りにくくなるので要注意です。

　⑸の事業の具体的な内容に何をどのように記載するのかというと、様式内に大きく分けて次の3つの項目が記載されていて、

その1：補助事業の具体的な取組内容

その2：将来の展望（本事業の成果の事業化に向けて想定している内容および期待される効果）

その3：会社全体の事業計画

となっています。

　それぞれに、いろいろ細かく記載内容の指図がありますが、これらを簡潔にまとめると、事業の内容、つまり補助金を活用して行う取組みについて、その1では何をしたいのかをわかりやすく記載します。審査委員はその業種について決して専門家ではないということを念頭に置いて、図や写真を用いて具体的

かつわかりやすい記載を心がけましょう。

　その２では、本当に売上につながり、利益が出せるのかを具体的に記載することになります。本当に売上につながるのかは、「対象とする市場分析はちゃんとできているのか」「どのように売上をあげていくのか、その方法が明確になっているか」「なぜ、利益があがるといえるのか、その根拠が明確か」といった点を意識して記載します。

　そして、その３では、その１、その２で書いたことを具体的な数値で示すことになります。将来の事業計画を決められた表に基づき作成しますが、表に数値を記入するだけでなく、売上や利益の数値の根拠を丁寧に記載する必要があります。

　販売単価の決定方法や、原価率の設定根拠などは必ず記載するようにしましょう。

　様式に記載されている細かな指図を意識しすぎて、事業計画がわかりづらい内容になってしまうケースがよくみられます。

　(5)の事業の具体的な内容は、この３つの軸を外さないようにして明確に記載することが何より重要です。

〈ダウンロードされるWordの様式〉

---

(1) 事業類型（通常枠か新特別枠のいずれか一つを選択、新特別
　　枠の場合①～③を一つ以上選択）
　　・一般型：□通常枠
　　　　　　　□新特別枠（低感染リスク型ビジネス枠）
　　　　　　　□①：物理的な対人接触を減じることに資する革新
　　　　　　　　　　的な製品・サービスの開発
　　　　　　　□②：物理的な対人接触を減じる製品・システムを
　　　　　　　　　　導入した生産プロセス・サービス提供方法の
　　　　　　　　　　改善
　　　　　　　□③：ポストコロナに対応するビジネスモデルの抜
　　　　　　　　　　本的な転換に係る設備・システム投資

(2) 事業計画名（30字程度）

本事業で取り組む対象分野となる業種（日本標準産業分類、中分類）	コード		名　称	

(3) 事業計画の概要（100字程度）

※事業計画に沿って、現状の課題とその解決策と効果を簡潔に記載して下さ
　い。ただし、公表して支障のあるノウハウや知的財産等を含む内容は記載
　しないで下さい。

本事業で導入予定の機械装置等の名称	

(4) 事業分野（A又はBのいずれか一つの□を選択）
A：□新商品（試作品）開発　　　□新たな生産方式の導入

　　該当する技術分野に☑を付してください（複数選択可）。

□デザイン	□情報処理	□精密加工	□製造環境
□接合・実装	□立体造形	□表面処理	□機械制御
□複合・新機能材料	□材料製造プロセス	□バイオ	□測定計測

B：□新役務（サービス）の開発　　□新たな提供方式の導入：

該当する取組分野に☑を付してください（複数選択可）。

付加価値の向上	□新規顧客層への展開　□商圏の拡大　□独自性・独創性の発揮 □ブランド力の強化　□顧客満足度の向上　□価値や品質の見える化 □機能分化・連携　□ＩＴ利活用
効率の向上	□サービス提供プロセスの改善　□ＩＴ利活用

(5) 具体的内容

その1：補助事業の具体的取組内容

① 本事業の目的・手段について、今までの自社での取組みの経緯・内容をはじめ、今回の補助事業で機械装置等を取得しなければならない必要性を示してください。また、課題を解決するため、不可欠な工程ごとの開発内容、材料や機械装置等を明確にしながら、具体的な目標及びその具体的な達成手段を記載してください（必要に応じて図表や写真等を用い具体的かつ詳細に記載してください）。

事業期間内に投資する機械装置等の型番、取得時期や技術の導入時期についての詳細なスケジュールの記載が必要となります。

② 応募申請する事業分野（「試作品開発・生産プロセス改善」又は「サービス開発・新提供方式導入」）に応じて、事業計画と「中小企業の特定ものづくり基盤技術の高度化に関する指針」又は「中小サービス事業者の生産性向上のためのガイドライン」との関連性を説明してください。

③ 本事業を行うことによって、どのように他者と差別化し競争力強化が実現するかについて、その方法や仕組み、実施体制など、具体的に説明してください。

その2：将来の展望（事業化に向けて想定している市場及び期待される効果）

① 本事業の成果が寄与すると想定している具体的なユーザー、マーケット及び市場規模等について、その成果の価格的・性能的な優位性・収益性や現在の市場規模も踏まえて記載してください。

② 本事業の成果の事業化見込みについて、目標となる時期・売上規模・量産化時の製品等の価格等について簡潔に記載してください。

③ 必要に応じて図表や写真等を用い、具体的かつ詳細に記載してください。

その3：会社全体の事業計画

（単位：円）

	基準年度 ※ [年 月期]	1年後 [年 月期]	2年後 [年 月期]	3年後 [年 月期]	4年後 [年 月期]	5年後 [年 月期]
①売上高						
②営業利益						
③経常利益						
④人件費						
⑤減価償却費						
付加価値額 （②+④+⑤）						
伸び率（％）						
⑥設備投資額						
⑦給与支給総額						
伸び率（％）						

（出所）　中小企業団体中央会ホームページ

「事業の具体的な内容」（その1：革新的な試作品開発・生産プロセスの改善の具体的な取組内容）の記載項目と記載のポイントを押さえましょう。

■「事業の具体的な内容」（その1）の構成と記載内容

それでは、事業計画書において、具体的にどのような構成、順序立てで「事業の具体的な内容」を記載していくと審査において得点が得やすいのでしょうか。記載項目と押さえるべきポイントをあげてみましょう。まずは「その1：革新的な試作品開発・生産プロセスの改善の具体的な取組内容」の記載項目です。

Ⅰ　本補助事業の背景

☞この項目から始めます。本事業の必要性（実現性）をアピールする部分です。

①　当社の概要

☞簡単な沿革、当社にしかない特長、強みなどを記載します。

☞主要顧客、自社を取り巻く環境などを、簡潔に5ページ目上部くらいまで記述します。

②　市場（顧客）ニーズ・機会

☞顧客・納入先からの新たなニーズ、顧客が困っていること、

業界で起きている現象、外部環境などを記載します。「取組みに至ったきっかけ」という内容でもかまいません。

③　当社の課題（問題点・弱み）

☞前記②の市場ニーズに対して、ボトルネックになっている点をあげます。

☞品質面、価格面、納期などの具体的な課題を明確に記載します。

Ⅱ　本補助事業の内容

☞前記Ⅰ③の課題を解決するために本補助事業が必要であるという構成にします。

①　本事業の概要

☞ここに設備投資として購入する機械装置やソフトウエアの図、写真を張り付けて（メーカー名・型番等も）、この設備投資で何を行うのか、なぜこの設備が必要なのかを明確にわかりやすく記述します。

☞特に前記Ⅰ③の課題を解決するための設備投資ですから、事業の成果が課題解決につながるという実現性を感じられる記載内容が求められます。

☞むずかしいのは、そこに自社のノウハウや工夫を活かした新しい取組みが必要であるという点です。

☞機械設備の説明が中心にならないように注意してください。

☞機械等がすべてを解決してくれるという取組内容は、ものづくり補助金にはふさわしくありません。

②　具体的な目標

☞本事業の達成度を明確にする必要があります。現状との違い
　を明確にするために、図表を用いるとよいでしょう。

③　本事業の優位性・革新性

☞本事業の成果による優位性を表記します。自社製品と同業他
　社との比較が必要です。

④　ものづくり12分野

☞生産性向上ガイドラインとの関連性を記載します。

⑤　工程ごとのスケジュール

☞補助事業期間のスケジュールを工程ごとに「〈何〉を目標に
　〈誰〉が〈何〉をする」という文章構成にします。

⑥　本事業実施の体制

☞事業推進体制の組織図などを記載します（次頁の記載例を参
　照）。

☞技術的能力を記載してください。

☞ここで財務面についても記載します。業績が悪い場合は回復
　の見込み、金融機関等からの資金調達について触れてくださ
　い。

〈事業実施体制の記載例〉

① 社内体制（技術的能力・事務処理能力など）

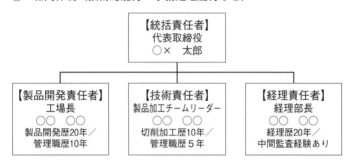

・統括責任者は、代表取締役の○×太郎。
・製品開発責任者は、入社30年で元製品開発部長を務めていた工場長が担当します。
・経理責任者は過去に○○補助金の対応をしたことがあり、中間監査の対応の経験もあります。

② 社外連携体制

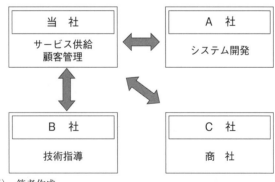

（出所）筆者作成

Q28　ものづくり補助金の採択を受けるための秘訣は何ですか〈4〉

「事業の具体的な内容」（その2：将来の展望）の記載項目と記載のポイントを押さえましょう。

■「事業の具体的な内容」（その2）の構成と記載内容

　Q27に続いて、事業計画書における「事業の具体的な内容」の「その2：将来の展望（本事業の成果の事業化に向けて想定している内容及び期待される効果）」の記載項目と記載にあたって押さえるべきポイントを紹介します。

Ⅰ　市場の動向と展望

①　本事業の成果が寄与する市場の動向

☞ここではマクロ的に（少し大きな領域における）本事業のユーザー、市場のニーズを分析します。

☞統計資料などを活用して具体的に記載してください。

　（参考）　①業界団体（例：○○協会）の統計、②経済産業省の統計、③調査会社の統計など。

②　本事業の成果が寄与する具体的なユーザー・マーケット

☞ここでは①の市場動向に比べて、より狭い領域（具体的な販売対象となる顧客の動向やより絞り込んだ市場規模）の分析をします。**事業化面の審査評点では重要なポイント**となります。

☞対象となる主要顧客へ向けた販売戦略なども織り交ぜて表記すると、実現性が高く見込めるという効果があります。

Ⅱ　本事業の成果

①　本事業の成果

☞本事業の成果の優位性、価格的・性能的に優位性や収益性を有すると見込まれる理由、対象市場が明確であり競争力を有する計画である理由について記述します。

②　事業化に至るまでのスケジュール

☞事業実施後の売上予測・数値根拠……補助事業の成果が価格的に優位性をもち、収益につながることを示す記述が必要です。

☞本事業単独の収支計画が作成できる場合は、それを表記します。むずかしい場合は販売個数や利益率等の計算根拠を文章でわかりやすく記述します。

Ⅲ　本事業実施後の収益性

会社全体の事業計画

☞会社全体の5年分の予想損益計算書を記載してください。

☞3年から5年計画で「付加価値」および「経常利益」の向上を達成する計画が必要となります。その数値が達成できる根拠もふまえ、具体的に記載してください（付加価値額＝営業利益＋人件費＋減価償却費）。

☞計算根拠を考える際は、売上の分解、単価の根拠、販売数の根拠、経費の分解を記載してください。

☞売上の根拠は単価×販売数で示せばよいでしょう。

☞単価の根拠として、既存サービスや競合サービスとの比較にも言及できるとよいでしょう。

☞販売数の根拠として、既存顧客への販売数や見込みの顧客数などから想定してください。

☞各経費の内訳や根拠についても説明するとよいでしょう。

☞設備投資（購入）のタイミングが「1年後」になるよう記載してください。

☞直近期末の決算内容が未確定の場合は、試算表に基づいた予想値を記載してください。

Q 29　ものづくり補助金ではどのような案件が採択を受けやすいのですか

「革新性」と呼ばれる基準がありますが、補助金を使って設置する機械が新しいだけではだめで、独自の工夫やノウハウを活かした取組みであることが高得点につながります。

■ 最新の機械であれば有利だがそれだけでもない

　ものづくり補助金の採択において、「業種によって採択を受けやすいなどの差はあるのか」「どのような補助事業の内容が通りやすいのか」という質問をよく受けます。結論からいうと、業種によって採択率に高い低いの違いはありません。では、どのような案件が採択につながりやすいのかを説明しましょう。

　ものづくり補助金の審査では「革新性」と呼ばれる基準があり、設備投資によって行う事業が自社にも他社にもまだあまりない、新しい取組みであることが求められます。

　その点からみると、設備投資（機械装置、ソフトウエア）自体がその業種・業界で新しい内容であると有利にはなります。従来からある機能しか有していない機械設備では、いくら革新的な取組みを行うといっても、実現性を疑われてしまいます。つまり、機械メーカーが開発した最新機種などは、その機能面などの先進性から優位性をアピールすることにつながり、採択を

受けやすいといえます。

　しかしながら、ここがものづくり補助金のむずかしいところなのですが、機械がすべてを解決するという取組みではだめなのです。こうした事業計画内容の申請は少なくありませんが、機械だけが設置されてすべて課題が解決する、そして従業員の姿やものづくりのノウハウが消えてしまうような投資と感じられる内容は評点が低くなります。

　また、機械の性能の新規性だけでは弱い点もあります。なぜなら、「同業他社がみな同じ最新の機械を購入したらどのように差別化するのか」という審査目線もあるからです。同じ最新の機械でも、自社の強みや工夫、ノウハウを活かした取組みがなされること。ここが、採択の分かれ目となる重要なポイントの１つであるといえます。

　事業者にとっての技術やサービスにおける技術面の向上、いわゆる高度化がもたらされないと、審査評点が低くなってしまうのです。

■ 赤字が続く会社は厳しいが、創業間もない会社には 救済措置も

　補助金は政策の趣旨として、補助金の活用によって利益を出してもらい、税金で返してもらおう、期間は５年間で税金の返納ができるのが理想だという考え方があります。

　ついては、財務内容が芳しくなく繰越損失がある企業だと、その期間内に税金の返納が見込めないわけで、行政側としても

なぜそんなところに補助を行ったのかという後々の責任を問われる懸念もあるわけですから、このような赤字が続く企業は採択を受けにくいという傾向があります。

　一方で、高収益で無借金経営、投資資金を自己資金で行えるような企業の場合にも、「そんなに余裕のある企業は補助金など不要でしょう」という考え方があるようです。

　これまでは創業間もない事業者は、同種の補助金で「創業補助金」があることや、事業計画の実現性が不安視される面もあり、ものづくり補助金の採択にこぎつけるのは厳しいという傾向がありましたが、令和元年度補正の審査から創業間もない事業者に加点されるという救済措置が図られました。創業とはいえ、経営者においてその業界に従事した経験が豊富で、創業に至るまでの経緯に合理性があり、それまでの人脈などの経営資源を活用する実現性の高い計画であれば、採択の可能性が出てきます。

ものづくり補助金の事業計画書を作成する
るにあたり、どのような表現を心がける
べきですか

**専門用語をなるべく避けること、写真や図を多用すること、嘘
にならない範囲で革新性を強調することを心がけるべきです。**

■ 表現力は重要

　審査において、事業計画書の記載内容のレベルが採択を左右
するのはいうまでもありません。本当はすごく革新的で、競争
力も期待できる取組みなのに、文章力が足りなかったり、専門
用語を使いすぎたりして審査員に評価されないケースもあると
思われます。

　逆もしかりで、あまり革新的とはいえない取組みに感じるも
のでも、豊かな表現力で記載され、見事採択となっている事業
計画書も目にします。実はこうした実態を超えた計画書は、後
で問題となるケースもあります。本問では、このようなよくな
い記載内容、後で問題となる記載内容について解説します。

■ 専門用語や文章ばかりでは審査に悪影響

　審査はその業界については素人の審査員が行うと考えて、業
界の専門用語はなるべく使わないようにしましょう。もし使う
場合は、説明書きを加えるなどの配慮が必要です。

審査員には相当数の審査案件が配布されていて、1件当りにそれほど長い時間をかけていられないようです。個人差はありますが、およそ1時間程度が1案件に要する審査時間という点をふまえると、わからない専門用語や技術をいちいち丁寧に調べる時間はないという状況です。

　また、文章ばかりの長々とした記載内容は、事業内容のイメージが湧きにくい、要点が把握しにくいなどのデメリットがあります。写真、図などを多用するのがお勧めです。

　現在ものづくり補助金は電子申請となっていますが、図や写真と文章での記載部分を別紙とすると、審査がやりにくいという声もあります。私どもは、Wordにすべて記入、記載した用紙をPDFにして提出することを推奨しています。

■「2.5番煎じ」くらいの誇張表現は許容範囲

　事業の革新性を示すために、事業計画書に「当地域では初のサービスである」とか、「この取組みは当業界では先端的な技術の導入である」という表現をよくみかけます。

　実は審査員のなかには、業界については素人であっても、それが本当に地域内初なのかどうかをWEB検索などで確かめる人もいます。その地域とそのサービスをキーワード検索してみると、ぞろぞろヒットする。これでは事業計画書の信ぴょう性を欠いてしまいますので、誇張した表現は避けたいところです。

　では本当に、その地域内初でないといけないのかというと、

そうでもありません。私が行う研修では、「2.5番煎じ」までは可能性があると話しています。

　業界で発売されたばかりの新機種の設備であれば当地域で初といえますが、その次の公募時でもまだ「地域では先進的」とか「革新的」という表現で、採択を受けることができそうです。拡販が進んでいる設備等でも地域によってはまだ導入事例が少ないというのはまれなケースですが、発売後3年経っていても採択を受けている場合もあります。

　ただし、表現力が先行して実態とかけ離れた取組みを記載してしまい、監査において問題となったという事例もあります。この場合は、補助金が不支給になるリスクもあります。認定支援機関として事業計画書の所見を記載する際に、採択された後の監査などに対応できる記載内容かどうかをあらためて確認しておくことが必要です。

Q31 ものづくり補助金の申請が不採択となった場合、不採択の理由を確認することはできますか

事業者が事務局に問い合わせれば、事務局によっては審査委員のコメントを確認できるので、指摘された内容を修正して次の公募で再チャレンジすることを推奨します。

■ 不採択となったらその理由を確認しよう

　直近のものづくり補助金の審査では、1つの案件を4名で審査しています（基本的には中小企業診断士、技術士という国家資格を有する専門家が審査します）。

　なぜ、その審査方法がわかるかというと、残念ながら不採択となった場合に申請を行った事業者が事務局に確認すれば、不採択となった事由を教えてくれるからです。不採択理由を確認すると、審査委員4名それぞれの審査コメントが確認できます。そこから審査委員が4名いることがわかるわけです。

　同じ案件について、高評価の審査委員と厳しい評価をした審査委員が混在しているケースも少なくありません。こうした審査のムラをなくすために、4名の人を審査に関与させているのです。

　なかには「合格まであと少しだった」とか、「100点満点だとしたら●点くらいだった」とか、細やかな説明をしてくれる事

務局もあります。

　このように不採択となった事由を聞いていくと、おおよその審査のポイントが確認できます。

　私どもは「リベンジ案件」と呼んでいますが、不採択となった案件の再チャレンジを推奨しています。指摘された内容を修正して、次の公募で再チャレンジを行うのです。

　学校の試験でいえば、間違いを直して再度試験を受ければ当然点数が上がりますが、それと同じです。しかしながら最近の審査現場では、このようなリベンジ案件の優位性を補正する対応もとられるようになっているようです。

　以下、よくある不採択事由をあげておきますので、参考にしてください。

【事業面】

・財務状況が芳しくない。

・競合他社との比較が具体的でない。

・収益性の具体的な内容がなく、抽象的である。

・市場調査不足である。

・事業化の過程がわかりづらい。

・何が差別化になっているのかわかりづらい。

・革新性が不足。既存の機械・設備でも実現可能か。

【技術面】

・事例が多い投資内容。自社の独自性がほしい。

・通常の設備更新の計画レベル。

・設備能力に依存する面が多く、革新性が少ない。

・何をどのようにして生産効率を上げるかが不明。

・定量的な表記が必要。

・導入機器の機能のみの説明に終わっている。

【その他】

・写真が少なく、イメージおよび設備投資による効果がわかりづらい。

・専門用語が多いので理解しにくい。

・事業規模が小さい。

・審査委員は本分野の専門家ではないので、わかりやすく（理解できるように）書いてほしい。

Q 32　事業承継・引継ぎ補助金とは何ですか

事業承継・引継ぎ補助金（令和2年度補正予算）とは、一定の期間内に事業承継を行ったか、補助事業期間内に事業承継やM&A（事業再編・事業統合等。経営資源を引き継いで行う創業を含む）を行う企業が、経営革新や事業転換などの取組みを行う際に支給される補助金です。

■「経営革新型」と「専門家活用型」

　この補助金は、大きく分けると、「経営革新型」と「専門家活用型」の2つがあります（次頁の表を参照）。「経営革新型」は新たな取組み（設備投資、販路開拓等）や廃業に係る費用を補助対象としているのに対し、「専門家活用型」では士業専門家の活用費用（仲介手数料、デューデリジェンス費用、企業概要書作成費用等）の一部が補助されます。

　「経営革新型」は従来経営者交代型とM&A型の2類型でしたが、今回の補助金より、創業支援型が追加されて3類型となり、かつ、補助上限額が引き上げられました。

　「経営革新型」と「専門家活用型」は、同時に申請できないので、どちらかを選択することになります。

〈事業承継・引継ぎ補助金の概要〉

支援類型		補助率	補助上限額	上乗せ額 ※廃業を伴う場合
①事業承継・引継ぎを契機とする新たな取組や廃業に係る費用の補助				
創業支援型	他の事業者が保有している経営資源を引き継いで創業した事業者への支援	2／3	400万円	200万円
経営者交代型	親族内承継等により経営資源を引き継いだ事業者への支援	2／3	400万円	200万円
M&A型	M&A（株式譲渡、事業譲渡等）により経営資源を引き継いだ事業者への支援	2／3	800万円	200万円
②事業引継ぎ時の士業専門家の活用費用の補助				
専門家活用型		2／3	400万円	200万円 （売り手のみ）

（出所）　中小企業庁

■「経営革新型」の支給要件

⑴　創業支援型「Ⅰ型」

　廃業を予定している者等から有機的一体として機能する経営資源を引き継いで創業して間もない中小企業者等であり、以下の①および②の要件を満たすこと。

①　創業を契機として、引き継いだ経営資源を活用して経営革新等に取り組む者であること。

② 産業競争力強化法に基づいて、認定市区町村または認定連携創業支援事業者から特定創業支援事業の支援を受ける者等、一定の実績や知識等を有している者であること。

(2) **経営者交代型「Ⅱ型」**

事業承継（事業再生を伴うものを含む）を行う中小企業者等であり、以下の①から③のすべての要件を満たすこと。

① 事業承継を契機として、経営革新等に取り組む者であること。

② 産業競争力強化法に基づいて認定市区町村または認定連携創業支援事業者から特定創業支援事業の支援を受ける者等、一定の実績や知識等を有している者であること。

③ 地域の雇用をはじめ地域経済全般を牽引する事業等、創業を契機として引き継いだ経営資源を活用して経営革新等に取り組む者であること。

(3) **M&A型「Ⅲ型」**

事業再編・事業統合等を行う中小企業者等であり、以下の①から③のすべての要件を満たすこと。

① 事業再編・事業統合等を契機として、経営革新等に取り組む者であること。

② 産業競争力強化法に基づいて認定市区町村または認定連携創業支援事業者から特定創業支援事業の支援を受ける者等、一定の実績や知識等を有している者であること。

③ 地域の雇用をはじめ地域経済全般を牽引する事業等、事業承継を契機として経営革新等に取り組む者であること。

■ 事業承継・引継ぎ補助金の特徴

事業承継・引継ぎ補助金には次のような特徴があります。

⑴ 過去の承継も対象となる

平成29年4月1日から補助事業期間終了日、または令和3年12月31日のいずれか早い日までに、中小企業者等間においてM&A等を含む事業の引継ぎを行った、または行うことが支給要件とされています。なんと過去4年前までに行った事業承継が対象です。ただし、設備投資など、これから新たに行う取組みが補助金の対象となります

⑵ 認定支援機関の確認書発行が必要

この補助金は「認定支援機関の関与」が必要ですので、顧問先のニーズの有無を注視しておきましょう

⑶ 採択率は高い！（6割超え）

これは直近の採択率です。ただし、もともと事業承継補助金は採択率5割超えのねらいやすい補助金です

⑷ 対象経費の範囲が広い

事業承継補助金は補助金のなかでも最も対象範囲が広い補助金です。機械設備や建物費、取壊し費用、人件費など。使い勝手もよい補助金です。

Q33 小規模事業者持続化補助金とは何ですか

小規模事業者の事業の持続的発展を後押しするため、小規模事業者が、商工会・商工会議所の支援を受けて経営計画を作成し、その計画に沿って取り組む販路開拓等の経費の一部が補助される制度です。

■ 概　要

補助額は50万円と少額ですが、補助対象費用の範囲が広いことから人気のある補助金です。また、最近の公募においては、事業承継に向けた取組み、生産性向上に向けた取組みを実施する事業者に重点を置くとされています。

〈小規模事業者持続化補助金の概要〉

対　象　者：全国の小規模事業者 補　助　率：補助対象経費の3分の2以内 補助上限額：50万円

(注)　補助上限額については、以下の例外があります。
　(1)　①「認定市区町村による特定創業支援等事業の支援」を受けた小規模事業者、②法人設立日が令和2年1月1日以降である会社（企業組合・協業組合を含む）、または税務署に提出する開業届に記載されている開業日が令和2年1月1日以降である個人事業主のいずれかに合致する事業者については、補助上限額が100万円となります。
　(2)　複数の小規模事業者等が連携して取り組む共同事業の場合は、補助上限額が「1事業者当りの補助上限額×連携小規模事業者等の数」の金額となります（ただし、500万円を上限とします）。

(3) 上記(1)と(2)の併用は可能です（その場合でも、補助額は1,000万円を上限とします）。

■ 補助対象者の範囲

【補助対象となりうる者】

・会社および会社に準ずる営利法人（株式会社、合名会社、合資会社、合同会社、特例有限会社、企業組合・協業組合）

・個人事業主、一定の要件を満たした特定非営利活動法人

　特定非営利活動法人は、以下(1)(2)の要件を満たす場合に限り、補助対象者となりえます。

　なお、補助対象者は「小規模事業者」でなければなりませんが、特定非営利活動法人の場合、業種は「その他」として、「常時使用する従業員の数」が「製造業その他」の従業員基準（20人以下）を満たすかどうかで判定します。

(1) 法人税法上の収益事業（法人税法施行令第5条に規定される34事業）を行っていること。なお、収益事業を行っていても、免税されていて確定申告書の提出ができない場合は補助対象外です。

(2) 認定特定非営利活動法人でないこと。

【補助対象にならない者】

・医師、歯科医師、助産師

・系統出荷による収入のみである個人農業者（個人の林業・水産業者についても同様）

・協同組合等の組合（企業組合・協業組合を除く）

- 一般社団法人、公益社団法人
- 一般財団法人、公益財団法人
- 医療法人
- 宗教法人
- 学校法人
- 農事組合法人
- 社会福祉法人
- 申請時点で開業していない創業予定者（たとえば、すでに税務署に開業届を提出していても、開業届上の開業日が申請日よりも後の場合は対象外）
- 任意団体等

■ 対象となる事業

- 策定した「経営計画」に基づき、商工会議所の支援を受けながら実施する地道な販路開拓等のための取組みであること。
- あるいは、販路開拓等の取組みとあわせて行う業務効率化（生産性向上）のための取組みであること。

■ 補助対象経費

①機械装置等費、②広報費、③展示会等出展費、④旅費、⑤開発費、⑥資料購入費、⑦雑役務費、⑧借料、⑨専門家謝金、⑩専門家旅費、⑪車両購入費（買物弱者対策事業の場合に限ります）、⑫設備処分費（補助対象経費総額の2分の1が上限）、⑬委託費、⑭外注費が対象となります。「不動産の購入・取得」に

該当するものは対象となりません。

　また、補助対象経費は次の⑴から⑶の条件をすべて満たす必要があります。

⑴　使用目的が本事業の遂行に必要なものと明確に特定できる経費

⑵　交付決定日以降に発生し対象期間中に支払が完了した経費

⑶　証拠資料等によって支払金額が確認できる経費

■ 補助対象となりうる取組事例

　⑴　地道な販路開拓等の取組みについて

・新商品を陳列するための棚の購入……①機械装置等費

・新たな販促用チラシの作成、送付販促品の調達、配布……②広報費

・ネット販売システムの構築……②広報費

・国内外の展示会、見本市への出展、商談会への参加……③展示会等出展費

・新商品の開発……⑤開発費

・新商品の開発にあたって必要な図書の購入……⑥資料購入費

・新たな販促用チラシのポスティング……②広報費

・国内外での商品PRイベント会場借上げ……⑧借料

・ブランディングの専門家からの新商品開発に向けた指導、助言……⑨専門家謝金

・（買物弱者対策事業において）移動販売、出張販売に必要な車両の購入……⑪車両購入費

・新商品開発に伴う成分分析の依頼……⑬委託費

・店舗改装（小売店の陳列レイアウト改良、飲食店の店舗改修を含む）……⑭外注費

　⑵　業務効率化（生産性向上）の取組みについて

[「サービス提供等プロセスの改善」の取組事例イメージ]

・業務改善の専門家からの指導、助言による長時間労働の削減……⑨専門家謝金

・従業員の作業導線の確保や整理スペースの導入のための店舗改装……⑭外注費

[「IT利活用」の取組事例イメージ]

・新たに倉庫管理システムのソフトウエアを購入し、配送業務を効率化する……①機械装置等費

・新たに労務管理システムのソフトウエアを購入し、人事・給与管理業務を効率化する……①機械装置等費

・新たにPOSレジソフトウエアを購入し、売上管理業務を効率化する……①機械装置等費

・新たに経理・会計ソフトウエアを購入し、決算業務を効率化する……①機械装置等費

〈小規模事業者持続化補助金の支給までの手続〉

①経営計画書・補助事業計画書の作成

②地域の商工会議所での補助事業者の要件を満たしているか等の確認を受けるとともに、事業支援計画書等の作成・交付を依頼

③送付締切までに日本商工会議所（補助金事務局）へ申請書類一式を送付

④日本商工会議所による審査、採択・不採択の決定

⑤（以下、採択の場合）交付決定後、販路開拓の取組実施

⑥所定の期限までに実績報告書等の提出

⑦日本商工会議所による報告書等の確認

⑧報告書等の不足・不備がないことの確認が終わり次第、補助金を請求・受領（精算払い）

地域の商工会議所に対する事業支援計画書等の作成・交付依頼は、締切までに十分な余裕をもって、お早めにお願いいたします

商工会議書の指導・助言を受けることができます

（出所）　日本商工会議所の資料より

Q34　経営力向上計画とは何ですか

経営力向上計画とは、中小企業が経営力向上のための人材育成や財務管理、設備投資などの取組みを記載した「経営力向上計画」を事業所管大臣に申請し、認定を受けることでさまざまなメリットが得られる制度です。

■ 経営力向上計画の記載内容

　経営力向上計画に記載する内容は、①企業の概要、②現状認識、③経営力向上の目標および経営力向上の程度を示す指標、④経営力向上の内容などで、簡単な計画で認定が受けられます。計画期間は3年から5年として、記載した取組みによって実現が見込まれる労働生産性の向上などの具体的な目標数値も記載します。

　私どもは1,000件近くの経営力向上計画の支援に関与してきましたが、認定率は100％で、誰もが認定をもらえる状況です。

■ 経営力向上計画の認定によって受けられる多様なメリット

　経営力向上計画が認定されることにより、事業者は下記に示すようなメリットを受けられます。

①　特別償却等優遇税制（経営強化税制、令和5年3月末で終了

予定）

② 所得拡大促進税制の上乗せ措置

③ 政府系金融機関の低利融資

④ M&A時の優遇税制（不動産取得税、登録免許税の減免）

⑤ 経営資源集約化税制

経営資源集約化税制とは、経営力向上計画の認定を受けた中小企業が、M&A等を通じて、中小企業の株式の取得後に簿外債務、偶発債務等が顕在化するリスクに備えるため、準備金を積み立てたときは、その損金算入を認めるとする、令和3年度税制改正で導入された税制です。

具体的には、経営力向上計画（経営資源集約化措置が記載されたものに限る）の認定を受けた中小企業者が、他の法人の株式等を購入（取得価額が10億円以下）し、かつ、取得事業年度終了の日まで引き続き有している場合において、株式等の取得価額の70%以下の金額を将来の株式価値の下落による損失（簿外債務、偶発債務等のリスク）に備えて「中小企業事業再編投資損失準備金」として積み立てたときは、当該金額の損金算入が認められます。

経営力向上計画は優遇措置が多岐にわたる一方で、記載内容がいたって簡易ですから、認定支援機関としては支援がしやすい制度です。

多くの金融機関が新規融資先の開拓のためのドアノックツールとしてこの制度のチラシを作成し、営業展開をしていました。

〈経営力向上計画の認定の仕組み〉

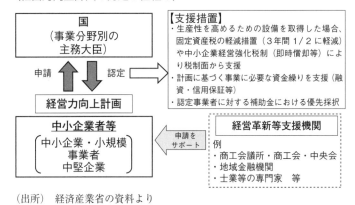

（出所）　経済産業省の資料より

■ 経営力向上計画を効果的に利用する秘訣

　一度経営力向上計画の認定を受けると、計画期間内は有効な認定を受けている企業としてみなされます。当初の計画に記載されていない設備投資などの新たな取組みが発生した場合は、追加の報告として「変更申請」を提出することで継続認定が可能です。つまり、3年間から5年間のパスポートを取得したようなイメージです。

　補助金の加点というメリットを利用する場合には、当該補助金の応募終了時点で有効な経営力向上計画の認定があることという要件があります。したがって、慌てて認定取得手続を始めても、認定まで1カ月から2カ月の時間を要するため、その応募に間に合わない場合もあります。ついては、あらかじめ設備

投資や新たな取組みをきっかけにして認定を受けておくほうが
得策です。その後、有効な認定を受けている状態がずっと続き
ますので、慌てる必要がなくなります。

Q35 認定支援機関にとって経営力向上計画の策定を支援することにはどんなメリットがありますか

比較的容易に支援実績をあげて認定支援機関の更新制に対応することができる、計画策定を通じて事業者の潜在的なニーズを掘り起こすことができるといったメリットがあります。

■ 更新制度への対応に有効

　平成30年7月より、認定支援機関の更新制が導入されています。経営力向上計画の支援実績は、認定支援機関の更新において必要な支援の実績件数としてカウントされる見込みです。支援がしやすく、かつ企業にもメリットがある制度ですので、実績をあげるために手がけるにはお勧めの支援業務であるといえます。

　認定支援機関として実績をあげるには、補助金の活用支援も重要な実務ですが、実際に企業に設備投資が発生しないと手伝うことができません。一方で、経営力向上計画は人材育成や財務管理に関する取組み、具体的に確定はしていないが近い将来に行いたい設備投資などの内容の計画で認定が受けられます。対象となる事業者が数多く存在するので、実績も容易にあげやすいということがいえます。

　経営力向上計画の策定は、「認定経営革新等支援機関でサ

ポートを受けることが可能です」と説明されており、言い換えれば「サポートなしでも認定が受けられる」ということになりますが、Q34で述べたような効率的で有効な利用方法をアドバイスすることで、事業者にとっても付加価値の高いサポートとなります。

また、経営力向上計画の策定を通じて企業が得られる減税などのメリットに対して、認定支援機関が補助金の支援と同様に相応の報酬を収受しているケースも見受けられます。認定支援機関としては、支援業務の収益化が見込めるというメリットがあるといえます。

■ 情報が川上から入手できる

経営力向上計画では、事業者がまだ具体的ではないが、近い将来（ここ数年以内で）行いたいと考えている設備投資や新たな取組みを創造、具体化していくという内容を計画に織り込むことになりますから、企業の潜在的な投資ニーズに触れることができます。この情報は、金融機関にとっては融資獲得の機会にもつながりますし、認定支援機関としては補助金活用支援の機会ということになります。

また、事業承継に係る課題把握につなげたり、財務管理上の課題をあげて事業計画の策定や管理会計の導入など認定支援機関による次なる支援策への導線を構築したりするきっかけにもなると思われます。

事業者の経営上のニーズを掘り起こすことで、川上から次な

る支援の機会をとらえることができる——これが、認定支援機
関が経営力向上計画の策定に関与する最大のメリットだと思い
ます。

〈中小企業経営資源集約化税制の創設〉

中小企業の技術・雇用等の経営資源の集約化による事業の再構築などにより、生産性を向上させ、足腰を強くする仕組みを構築していくことが重要である。このため、経営資源の集約化によって生産性向上等を目指す「経営力向上計画」の認定を受けた中小企業について、次の3つの優遇措置が講じられる。

〈中小企業のM&A〉

〈M&Aにおける買い手に対する3つの優遇措置（中小企業経営資源集約化税制）〉

優遇措置	目 的	内 容
①中小企業事業再編投資損失準備金制度	M&A後のリスクに備える 例：簿外債務、訴訟案件、労務トラブル	損失準備金の損金算入が可能に
②中小企業経営強化税制	M&A後の積極的な設備投資を支援 例：自社と買収先の技術を組み合わせて新製品を製造する設備投資、仕入れ・販売管理に使う共通のシステム導入	経営資源集約化設備（D類型）を追加
③中小企業の所得拡大促進税制	M&A後の積極的な雇用の確保を支援 例：統合後の新たな販路維持のためのスタッフ採用	上乗せ要件に必要な計画の認定を不要に

《実務上のポイント》
上記3つの優遇措置は、1度の「経営力向上計画」の認定で利用可能

（出所）経営革新等支援機関推進協議会

第 4 章

事業承継

Q 36　認定支援機関が中小企業の事業承継を支援することは、なぜ重要なのですか

認定支援機関である地域金融機関、会計事務所・税理士事務所等は、中小企業者を主たる取引先としています。認定支援機関同士で連携し、廃業を抑制することが、地域経済の成長に不可欠であり、また自らの事業の存続を可能にするためにも重要な課題といえるからです。

■ 認定支援機関への期待

　平成30年4月からスタートした改正事業承継税制では、当該税制を利用するための要件として認定支援機関の関与が必要になり、令和2年度からは国の「黒字廃業を回避するための第三者承継支援パッケージ」が本格的にスタートしています。大廃業時代の到来を迎え、今後ますます事業活動の前線での認定支援機関のコンサルティング機能の発揮が期待されています。

　本章では認定支援機関として、税制優遇施策を含め、事業承継に向けて何をすべきなのか、またどのような順序で取り組むべきかを考えてみましょう。

■ 事業承継支援の重要性

　国が緊急事態として問題としているのが、2025年問題といわれている、今後の廃業者数の急増です。2025年になると平均引

〈中小企業の休廃業・解散件数〉

中小企業の後継者不在率は55.6％（2019年11月時点）

【休廃業・解散】

2013年	34,800件
2016年	41,162件
2019年	43,348件

（出所）　東京商工リサーチ調べ

退年齢の70歳を超える経営者は全体の６割超になり、人数でいうと約245万人に達するのですが、その約半数の127万人の後継者が決まっていないということなのです。中小企業庁は法人で３割、個人事業者では約３分の２が廃業すると懸念しています。この数は尋常ではありません。

　上の表に示すとおり、着実に「休廃業・解散」の件数は増加しています。

　また、廃業していく企業の３割は存続企業よりも経営が良好な状態で去っていくというのです。次頁の図をご覧ください。

　休廃業解散企業の利益率の水準について生存企業と比較すると、生存企業の利益率の中央値は2.07％であり、これを上回る休廃業・解散企業は32.6％でした。平均的な生存企業を上回る利益率でありながら、廃業した企業が全体のうち約３割存在することがわかります。

　認定支援機関である地域金融機関も会計事務所・税理士事務所も、中小企業者を主たる取引先としています。認定支援機関同士で連携し、廃業を抑制することが、自らの事業の存続を可

能にするためにも重要な課題といえます。いま、まさに求められる事業承継支援は、127万社の事業をいかに廃業させずに残すか……なのです。

〈休廃業・解散企業の売上高経常利益率〉

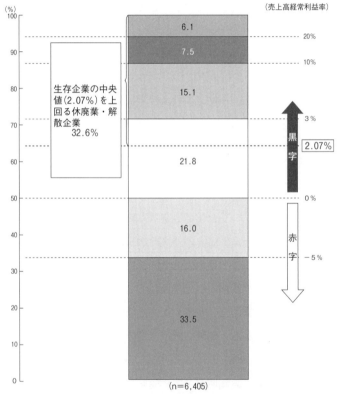

(注)　（株）東京商工リサーチ「2016年「休廃業・解散企業」動向調査」再編加工。
(出所)　中小企業庁の資料より

後継者がいない会社は、第三者に売却（承継）をしなければ廃業せざるをえません。

中小企業庁が令和元年12月に公表した「第三者承継支援総合パッケージ」では、10年間で60万者の第三者承継を実現することが政策目標として掲げられています。

第三者への承継、すなわちM&Aは、どこか専門的で、むずかしいイメージがあるので、令和2年3月、中小企業庁は新たに「中小M&Aガイドライン」を公開しました。

M&Aの進め方や基本知識、専門業者に依頼した場合のサービスや契約内容、料金体系などの適正水準や留意点など、経営者が会社を売却する際に知っておきたい内容が網羅的に記載されています（次頁の図を参照）。

■ 後継者がいる事業者にも大きな悩みが

後継者が決まっていない事業者の理由を紐解いていくと、後継者がいないからという理由以外に、後継者が承継を拒んでいるためという理由がみえてきました（22.7％）。また、承継を拒んでいる後継者の6割は、経営者保証を理由にしているのです（次々頁の図を参照）。

この課題に対応すべく、経営者保証を不要とする制度融資が創設されています。

〈「中小M＆Aガイドライン」の概要〉

中小企業がM＆Aを躊躇する要因

①M＆Aに関する知見がなく、進め方が分からない	②M＆A業務の手数料等の目安が見極めにくい	③M＆A支援に対する不信感

中小M＆Aガイドライン

後継者不在の中小企業向けの手引き

① ◆ 約20の中小M＆A事例を提示し、M＆Aを中小企業にとってより身近なものに。

◆ 中小M＆Aのプロセスごとに確認すべき事項や、適切な契約書のひな形を提示。

② ◆ 仲介手数料（着手金／月額報酬／中間金／成功報酬）、手数料の考え方や、具体的な事例の提示により、客観的に判断する基準を示す。

◆ 支援内容に関するセカンドオピニオンを推奨。

支援機関向けの基本事項

◆ 支援機関の基本姿勢として、事業者の利益の最大化と支援機関同士の連携の重要性を提示。

◆ M＆A専門業者に対しては、適正な業務遂行のため、

③ ①売り手と買い手双方の１者による仲介は「利益相反」となり得る旨記載し、不利益情報（両者から手数料を徴収している等）の開示の徹底等、そのリスクを最小化する措置を講じる

②他のM＆A支援機関へのセカンドオピニオンを求めることを許容する契約とする

③契約期間終了後も手数料を取得する契約（テール条項）を限定的な運用とする

といった行動指針を策定

◆ 金融機関、士業等専門家、商工団体、プラットフォーマーに対し、求められる支援内容や留意点を提示。

（出所）中小企業庁

〈事業承継にとって経営者保証が大きな障害〉

・後継者未定の者のうちの多くが、「経営者保証」を理由に
　後継者に承継を拒否されている。

〈2025 年の中小企業経営者〉　〈後継者未定の理由〉　　〈なぜ事業承継を
全体：約381万人（2016 年度調査）　　　　　　　　　　　拒否しているか〉

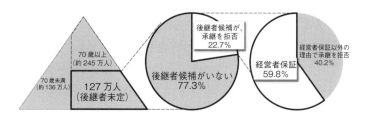

（資料）　中小機構

（出所）　中小企業庁「第三者承継支援総合パッケージ」（令和元年12月20
　　　日）

Q37 そもそも事業承継とは、何を行うことですか

代表者が交代するだけでも、事業承継には違いありませんが、実質的なバトンタッチとは、企業の支配権を移転することにより、企業を構成する人・資産・知的資産を、親族・社内の役員や従業員・社外の第三者が、受け継ぐことです。

■「何を」承継するのか

　認定支援機関として、事業承継支援を行うにあたり、まず何を譲り受けるのかを正確に理解、整理してみる必要があります。

　事業承継においてどのようなものが引き継ぐべき対象なのか。次頁の図にあるように、承継する対象には、お金や自社株、事業用の資産だけではなく、知的資産と呼ばれる、目にみえない資産も含まれます。この「知的資産」にも目を配ることも重要です。なぜなら、これは企業の競争力の源泉となるものだからです。

■「承継」とは何か

　会社の代表者が交代するだけでは、実質的な事業承継とはいえません。実質的な事業承継とは「経営権」を渡すことです。実質的にオーナーが交代することが「本当の経営のバトンタッ

〈承継の対象〉

人（経営）の承継	資産の承継
・経営権 ・組織	・株式 ・事業用資産（設備・不動産等） ・資金
知的資産の承継	
・経営理念　　　　　・従業員の技術や技能　　・ノウハウ ・経営者の信用　　　・取引先との人脈　　　　・顧客情報 ・知的財産権（特許等）・許認可　等	

（出所）　中小企業庁の資料より筆者加工

チ」といえます。

　次頁の表が示すように、後継者が引き継いだ会社の支配権を行使できるかどうかは、後継者が取得した株式の議決権の割合によって異なります。後継者が自らの経営を安定させるには最低過半数、できれば、株主総会の特別決議と特殊決議に対して拒否権を発動されないように3分の2以上の議決権を保有しておきたいところです。

　したがって、事業承継にあたっては自社株式をどのように後継者に承継していくのかが課題となります。自社株式の評価が高い場合は、贈与などで一気に承継しようとすると税金コストが大きくなってしまうデメリットもあります。また、後継者は経営のバトンタッチを受ける資質や社内の人望などが十分備わっているかなど、円滑に事業の承継が行えないリスク面も考えて株式の移動を検討する必要があるでしょう。認定支援機関として事業承継支援を行う場合は、企業ごとに自社株移転の意

〈議決権保有割合と株主の権利〉

議決権 保有割合	株主の権利
2/3以上	株主総会の特別決議を単独で成立可能 　決議事項の例：事業の全部譲渡、定款変更など
50％超	株主総会の普通決議を単独で成立可能 　決議事項の例：取締役の解任、剰余金の配当など
50％以上	株主総会の普通決議を単独で阻止可能
25％以上	相互保有株式の議決権停止
10％以上	解散請求権

（出所）　筆者作成

義とコストやリスクを分析し、余裕をもった承継計画の策定支援を行うことが重要なテーマになるといってよいでしょう。

■「誰が」承継するか

　次に「誰が」承継するかについては、社内か社外のどちらか、また社内でも親族かそれ以外となるかという切り口で、次頁の図に示すような区分ができます。

　事業承継の実態をみてみると、最近では親族外への事業承継が増加してきています。

　誰が承継するかに応じて、事業者にはさまざまなニーズや課題が発生します。具体的な取組内容について、次項で説明します。

〈承継先による事業承継の分類〉

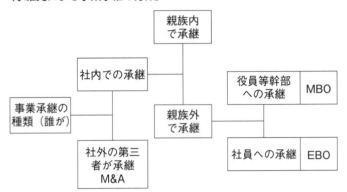

（出所）　筆者作成

Q38 事業承継支援は範囲も広く、事業者ごとに多様な課題が存在すると考えられますが、事業承継に係る課題や支援策の全体像をどのようにとらえ、効果的に支援すればよいでしょうか

後継者がいる場合といない場合に大別し、事業者にはどのような課題が発生するかを考える必要があります。後継者がいる場合は、承継の際に生じる税金、後継者の資質、資産の引継ぎ方法、財務状況の維持などの課題があります。後継者がいない場合は、廃業か、M&Aによる第三者への承継かの選択になります。

■ 事業承継に関するニーズのとらえ方

　私が、会計事務所や金融機関向けにセミナーを行う際には、次頁の図を用いて全体像の説明をしています。とてもわかりやすいと好評ですので、ご紹介します。

〈事業承継のニーズと支援策の全体像〉

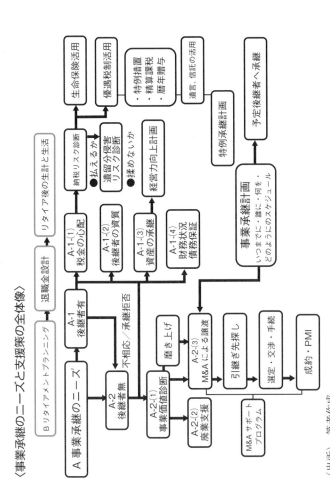

（出所）筆者作成

事業承継のニーズは、図の起点Ａから後継者がいる場合といない場合の２つに大別できます。後継者がいない場合は、廃業するか、第三者に承継するかの選択になります。

(1)　後継者がいる場合

①　Ａ－１－(1)　税金の心配

　後継者がいる場合は、実質的なバトンタッチをするのかどうか、する場合は自社株の移動方法と、移動に係る税金コスト等が課題となります。納税リスク診断についてはＱ40で説明します。

②　Ａ－１－(2)　後継者の資質

　先代経営者からみて後継者の資質が物足りないと感じられる場合や、自社の将来性を見据えると第三者に事業を譲渡したほうが後継者にとっても安定した生活が送れてよいと考えられる場合、Ｍ&Ａで第三者に譲渡するケースも少なくありません。

　また、後継者が経営者保証を拒否し、承継が進まないケースも少なくなく、国も問題視しています。

③　Ａ－１－(3)　資産の承継

　後継者がバトンタッチを受けるまでの間に、事業の営業面、管理面、財務面を誰が統括していくのか、さらには人脈、ノウハウをどのように引き継いでいくのかなどを考える必要があります。経営幹部の組織化、管理体制の構築も必要となるでしょう。

④　Ａ－１－(4)　財務状況／債務保証

　後継者にとって、引き継ぐ会社の財務の健全性や資金繰りの

安定性は最も心配となる点でしょう。一方で金融機関は、先代経営者が維持してきた財務状況を後継者が引き続き維持向上しうるのか、その資質があるのかを心配するはずです。

これらの心配を解消する方法として、後継者に中期的な事業計画を策定させることがとても有効になると考えます。営業面だけでなく、財務数値の向上や資金計画を織り込んだ事業計画を策定させることで、後継者の経営財務に関するリテラシーが強化され、金融機関が承継後の経営方針の見極めを行うためにもとても有効となりえます。

(2)　後継者がいない場合

① 　Ａ－２－(1)　事業価値診断、Ａ－２－(2)　廃業支援

後継者が不在、未定の場合は、廃業のシミュレーションを行ってみる必要があります。事業用資産の処分や従業員の処遇に大きなコストが発生したり、取引先が困ってしまったり、債務の整理が容易ではなかったりと、思っているより廃業は簡単でないと気づくケースも少なくありません。事業の引受け先をスモールＭ＆Ａのマッチングサイトなどで探してみて、それでも見つからない場合は、廃業を進めるという対策が想定できます。

② 　Ａ－２－(3)　Ｍ＆Ａによる譲渡

承継対象となる事業価値の判断は、譲受先によって変わり、画一的ではありません。買い手は、売り手が思っている以上の評価をしてくれる可能性があります。事業が黒字であれば、なおさらです。最近では、廃業する事業者の半数近くが「黒字廃

業」であることが問題視されています。第三者へのM&Aによって債務だけではなく、取引先、従業員もそのまま引継ぎできれば、売り手のオーナーの負担は大きく減少します。

Q39

事業承継時の経営者保証解除に向けた国の施策の具体的な活用方法はどのようになるのでしょうか。また、認定支援機関はそこでどのような関与ができるのでしょうか

経営者保証ガイドラインの充足状況の確認や、金融機関との目線合わせの結果、経営者保証解除が不可となった場合、解除が可能となることを目指して経営改善計画を策定する道があります。そこで認定支援機関の既存支援措置である405事業、早期経営改善計画の活用が予定されています。

■ 具体的な支援スキーム

次頁の図は、事業承継時の経営者保証解除に向けた支援スキームの概要です。

最初の相談窓口は、各都道府県に設置されている事業承継ネットワーク事務局となります。そこに常駐する「経営者保証コーディネーター」に初期的な経営者保証解除の可否判断をしてもらい、アドバイスをもらうことから始めます。

経営者保証コーディネーターは事業承継時判断材料チェックシートに基づき、経営者保証解除が可能かどうかの判断をします。「解除不可」と判断されれば、「解除」を希望する場合にはチェックシートクリアに向けた経営改善計画の策定に取り組む

〈事業承継時の経営者保証解除に向けた支援スキーム〉

経営者保証がネックで事業承継に課題を抱える中小企業

相談・支援申請

【相談受付／書類確認】
※令和元年補正予算 プッシュ型事業承継支援高度化事業委託先
経営者保証コーディネーターが、「事業承継時判断材料チェックシート」*に基づく確認を実施し、
その結果に基づく今後の取組み方をアドバイス

[チェック内容] 経営者保証解除の可否の判断に資する情報の整理・見える化　*全国一律のチェックシートを作成

事業承継ネットワーク事務局 ※

↓

チェックシートをクリアできない場合

（希望する場合には）既存の支援制度を活用し、
チェックシート充足に向けた改善計画策定*

改善に取り組みのうえ、再度チェックへ

チェックシートをクリアした場合

本事業の派遣専門家*が支援の下、チェック結果、提
出書類等を共有し金融機関と目線合わせを支援する
とともに、その後の対応をアドバイス

*本事業で登録する派遣専門家の活用を検討

↓

保証解除

保証解除不可

必要に応じて　代替的な手法の検討　希望する場合

↓

支援終了

事業承継特別保証の活用
or コベナンツ付き融資等

*点線内は既存支援施策での対応を想定

事業者等が連携して、金融機関、事業者等が連携して、
改善計画を策定し、取組み

(出所) 中小企業庁

ことになります。

　一方で、経営者保証コーディネーターが可といっても、取引金融機関が必ず「解除可」といってくれるわけではありません。なぜなら、それぞれの金融機関で自己資本や債務償還年数など経営者保証解除の判定基準が異なるからです。たとえば、決算書の簿価ベースでは資産超過であっても、金融機関によっては資産の含み損を計算し、実態は債務超過と判定しているケースがあります。

　このような、経営者保証解除に必要とされる金融機関側における財務指標の判定基準やその他の要件を事業者側に理解してもらう取組みを「目線合わせ」と呼びます。

■ 認定支援機関の関与

　経営者保証コーディネーターによるチェックシートに基づく判定をクリアできない場合に、事業者が改善すべき課題や財務的な要件を理解すること、金融機関との間で経営者保証解除の目線合わせをすることは、金融財務面での専門性が求められるので、事業者自らが容易にできるものではありません。そこで、事業者に伴走するかたちで金融機関との調整役を担う専門家を派遣してもらう支援制度が用意されています。この調整役を担う専門家は事前に公募され、各都道府県に登録されます。

　登録された専門家を活用しなくとも、事業者の顧問の会計事務所などが専門性を有していれば、積極的に事業者の相談に乗ってあげるとよいでしょう。会計事務所等が認定支援機関で

あれば、事業者が経営者保証解除を可能にするための改善計画の策定を望む場合、早期経営改善計画（Q55）や405事業（Q56）の利用ができる予定です。これらは、認定支援機関が関与した経営改善計画の策定費用の3分の2を国が補助する制度です。

　また、目線合わせなどに必要となる金融財務知識については、「第5章　金融支援」をお読みいただければおおいに参考になると思います。

親族内承継を考えている企業の経営者の多くが自社株に係る税金の心配をしているようですが、どのように相談に乗るべきでしょうか

実際に診断をしてみると実は心配しすぎ＝そこまで税金の心配はないというケースも少なくありません。自社株を承継する場合の税金コストを診断し、払えるかどうか、同時に税負担をめぐって親族間で揉めることはないかに留意して、相談に乗るといいでしょう。

■ 後継者がいても経営者の悩みは尽きない

　後継者となる親族がいる場合は、事業承継を行ううえで、一見何も問題がないようにも思えるのですが、それはそれで経営者の悩みは存在するようです。親族内承継を予定している経営者に対して中小企業庁が行った、次頁の図のようなアンケートの調査結果があります。

　これによると、親族内承継を考えている企業の経営者の66％、つまり3分の2が事業承継を行ううえでの課題として、自社株式を後継者に承継する際に係る相続税・贈与税の負担をあげています。

　支援ニーズが高いものから順番に手をつけるべきですから、まずは税金に関する課題の整理から入りましょう（税金に関す

〈親族内承継を考えている企業における事業承継を行ううえでの課題〉

n=742（複数回答）

項目	割合
自社株式に係る相続税、増与税の負担	66%
将来の経営不安	36.3%
借入金・債務保証の引継ぎ	26.1%
自社株式以外の資産に係る相続税、贈与税の負担	22.5%
後継者（候補含む）が不在	19.9%
親族間の調整	16.8%
後継者候補から承諾が得られない	3.6%
相続時に自社株式が散逸してしまうおそれがある	3.4%
引退後の生活に不安がある	2.3%
その他	4.2%

※出典：中小企業における事業承継に関するアンケート・ヒアリング調査報告書（2016年2月帝国データバンク）

〈贈与税モデルケース〉

資本金1,000万円　従業員数34人　株価1.5億円

※資本金は事業承継税制の適用を受けている企業の最頻値、従業員数・株価・贈与税額は、その平均値

→7,550万円の贈与税を後継者個人が納付する必要

（出所）　中小企業庁の資料より

る相談業務を行う場合は、税理士の関与が必要です）。

■ 相続税負担か、承継を進めるための税金コストか

ここでいう相続税、贈与税の負担とは、具体的にはどういう課題なのでしょうか。事業承継をめぐって発生する税金の心配は、大きく2つに分かれます。

1つ目は、自社株の相続税評価額が高く、相続税納税の負担の重さが心配なケース。その対策として、生前贈与などの「相続税対策」を検討しておくべきではないかという課題が存在します。

2つ目は、経営権（支配権）は早く後継者に移したいが、その際に、やはり自社株式の相続税評価額が高いので、株式の移

動に伴う贈与税の負担が重く、承継が進まないというケースです。その対策として、株価の引下げや、信託などを使った自社株移転スキームを検討すべきではないかという課題が存在します。

　1つ目の相続税対策という課題ですが、実は本当に相続税が払えずに事業承継に支障をきたすことになるようなケースは案外、少ないように感じます。というのは、実際に相続税額を概算でもいいので試算してみると、過大となるケースはそれほど多くなく、生命保険への加入によって相続税の支払もカバーされているケースがほとんどなのです。

　2つ目の課題が生ずるのは、先代経営者の生前に経営権を早く後継者に移したいからですが、その目的として最も多いのが「後継者のモチベーション維持向上」でしょう。後継者が会社を引き継ぐにあたり、経営権をもたない、いわゆる「雇われ社長」では、本当に自分が将来経営権を取得できるのか不安ですし、そこがあいまいでは、債務や従業員を背負って立つという経営者としての覚悟をもって、事業を維持向上させていくことがむずかしいというのは理解できます。

　しかしながら、拙速に株式を移動した結果、後悔することになってしまったというケースも少なくないのです。

　たとえば、バトンタッチ後、後継者の経営に対する考え方が先代経営者とは異なる方向に行き始め、会社の業績も不振となり、先代経営者は経営改善に尽力しようとしたが、まったく聞き入れられず、後継者を取り巻く経営陣から疎外されてしまう

立場となったというケースがあります。

　親族への承継といえども、本当に完全にバトンタッチしていいのか、対外的な信用ができるまで、後継者の資質を見極めるための期間を設けてもいいのではないかと慎重に検討する必要があります。

　また、承継コストを引き下げるためにQ41で紹介する事業承継税制を活用することも考えられますが、事業承継税制を活用した結果、後で困ったことになるケースもあります。

　平成30年から大幅改定された事業承継税制は、自社株に係る贈与税、相続税の納税猶予が可能になり、さらには一定の要件に当てはまれば、猶予された税金の免除まで可能となる優遇税制です。同制度を活用すると、税金コストなく自社株の移動を進めることができます。

　一方で、事業承継税制では納税猶予を継続するための要件が数多く存在し、納税猶予が取消し（正式には、納税猶予期限の確定といいます）となるリスクがあります。取消しとならないように、長期にわたる要件の管理と報告義務の履行が必要です。

　後継者のモチベーション維持向上のためには、株式を実際に生前贈与する以外にも、同様の効果が期待できる「遺言代用信託」などの方策が注目されています。後戻りできない策は最後の選択肢としてとらえたいものです。

改正事業承継税制はどのような内容ですか。また、具体的手続はどのようなものですか

2023年3月末までに認定支援機関が関与して策定した計画等を提出して申請すれば、2027年12月末までに行う経営者から後継者への自社株式の贈与・相続について贈与税・相続税の納税が猶予され、後継者が承継した自社株式を死ぬまで保有し続ければ納税が免除となります。

___

■ 改正された事業承継税制を理解する

改正前の事業承継税制は要件が厳しく、活用が進まなかったのですが、平成30年度の税制改正で時限的な「特例措置」として大幅に要件が緩和されました。特に同改正では認定支援機関の関与が要件とされましたので、われわれ認定支援機関の活躍と、事業承継を予定する事業者の積極的な活用が期待されています。

「平成30年度事業承継税制の改正」を概説すると、先代経営者が自社株式を後継者に贈与または相続、つまり承継を行った場合、その承継に係る納税が猶予されて、後継者が承継した株式を死ぬまで保有した場合、納税が免除となるという大きなメリットのある税制優遇措置です。ただし、この「特例措置」は、2027年12月末までの事業承継を対象とした、「期間限定の

キャンペーン」となっています。また、キャンペーンの利用申込期間も決められていて、2023年3月末までとされています（次図参照）。このキャンペーンへの申込みのためには、認定支援機関が作成に関与した「特例承継計画」の提出が必要です。

〈改正事業承継税制は10年間の期限付きキャンペーン〉

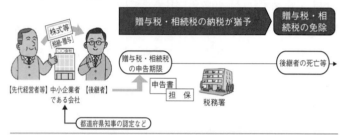

	特例措置
事前の計画策定等	5年以内の特例承継計画の提出 （2018年4月1日から 2023年3月31日まで）
適用期限	10年以内の贈与・相続等 （2018年1月1日から 2027年12月31日まで）

（出所）　国税庁の資料より抜粋

■ 事業承継税制を活用するための手続

　2023年3月末までに経営者が「特例承継計画」を作成し（次頁の図を参照）、認定支援機関の所見を添えて都道府県知事に提出し、その「確認」を受ける必要があります。実際に自社株式の贈与等を行う際には、都道府県知事より「経営承継円滑化法の認定」を受けます。

　そして、贈与、相続を行った後の税務署への申告の際に、知事より交付を受けた認定通知書を添付することで、納税が猶予されるという手続となります。

　特例承継計画の確認を受ける段階では、何度も計画を変更することが可能で、この計画においては「贈与」による承継と「相続」による承継のどちらなのかを確定して記載する必要はありません。承継の予定時期も、「2021年〜2023年頃」といった記載で問題ありません。つまり、内容はとても簡易なものでよく、確認を受けるための手続も返信用封筒でのやりとりとするなど、事務的にも簡易になっています。

　ただし、いったん贈与等が行われると、納税猶予が開始され、特例承継期間（5年間）がスタートします。これ以後は、猶予が取消しとならないように、ルールを理解し、管理する必要があります（187頁の図参照）。

〈「特例承継計画」の主な記載内容（抜粋）〉

1　会社について

主たる事業内容	生活関連サービス業（クリーニング業）
資本金額または出資の総額	5,000,000円
常時使用する従業員の数	8人

2　特例代表者について

特例代表者の氏名	経済　太郎
代表権の有無	□有　☑無（退任日平成30年3月1日）

3　特例後継者について

特例後継者の氏名(1)	経済　一郎
特例後継者の氏名(2)	経済　二郎
特例後継者の氏名(3)	

︙

5　特例後継者が株式等を承継した後5年間の経営計画

実施時期	具体的な実施内容
1年目	郊外店において、コート・ふとん類に対するサービスを強化し、その内容を記載した看板の設置等、広告活動を行う。
2年目	新サービスであるクリーニング後、最大半年間（または1年間）の預かりサービス開始に向けた倉庫等の手配をする。
3年目	クリーニング後、最大半年間（または1年間）の預かりサービス開始。 （預かり期間は、競合他店舗の状況をみて判断。） 駅前店の改装工事後に向けた新サービスを検討。
4年目	駅前店の改装工事。 リニューアルオープン時に向けた新サービスの開始。
5年目	オリンピック後における市場（特に土地）の状況をふまえながら、新事業展開（コインランドリー事業）または新店舗展開による売上向上を目指す。

（出所）　中小企業庁の資料より

〈改正事業承継税制の手続の流れ〉

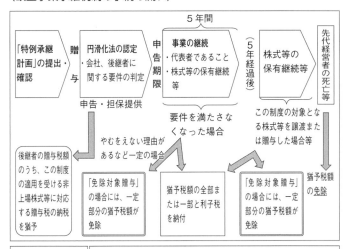

特例承継計画の策定・提出・確認 （特例措置）	会社の後継者や承継時までの経営見通し等を記載した「特例承継計画」を策定し、認定経営革新等支援機関（税理士、商工会、商工会議所等）の所見を記載のうえ、令和5年（2023年）3月31日までに都道府県知事に提出し、その確認を受けてください。 ※令和5年（2023年）3月31日までの贈与については、贈与後に承継計画を提出することも可能です。
贈　　与	この制度の適用を受けるためには、先代経営者等である贈与者から、全部または一定数以上の非上場株式等の贈与を受ける必要があります。
贈与税の申告期限までの間 　都道府県知事の円滑化法の認定 申告書の作成・提出	会社の要件、後継者（受贈者）の要件、先代経営者等（贈与者）の要件を満たしていることについての都道府県知事の「円滑化法の認定」を受けてください。 　贈与税の申告期限までに、この制度の適用を受ける旨を記載した贈与税の申告書および一定の書類を税務署へ提出するとともに、納税が猶予される贈与税額および利子税の額に見合う担保を提供する必要があります。

（出所）　国税庁の資料より（一部改変）

Q 42 事業承継税制の特例措置の活用が可能か どうかの要件はどのような内容ですか

事業承継税制の特例措置は、単に自社株式を贈与するだけでは適用となりません。ほかに多様な要件を満たす必要があり、専門性の高い確認作業が求められます。

■ 適用要件と納税猶予継続要件の確認は複雑で、専門性が必要

　次のチェックシートは、特例措置を受けるための適用要件を確認する際に使用するもので、「確認結果」欄の左側のみに○がある場合には、原則として特例の適用を受けることができます。このチェックシートは、申告書の作成に際して、特例の適用に係る会社ごとに適用要件等を確認のうえ、申告書に添付して提出する必要があります。

〈特例措置の適用要件チェックシート〉

1) 贈与者の要件

項目	確認内容（適用要件）		確認結果		確認の基となる資料
贈与者	(1)　(2)の場合以外の場合ですか。		はい		―
	贈与前のいずれかの日	①　その会社の代表権（制限が加えられたものを除きます。以下同じです。）を有していたことがありますか。	はい	いいえ	○　登記事項証明書、定款の写しなど
	贈与の直前	②　贈与者及び贈与者と特別の関係がある者がその会社の総議決権数の50%超の議決権数を保有していますか。	はい	いいえ	○　株主名簿の写し、定款の写し、戸籍の謄本又は抄本など
		③　贈与者が贈与者及び贈与者と特別の関係がある者（会社の特例経営承継受贈者となる者を除きます。）の中で最も多くの議決権数を保有していますか。	はい	いいえ	○　株主名簿の写し、定款の写し、戸籍の謄本又は抄本など
	贈与の時	その会社の代表権を有していますか。	いいえ	はい	○　登記事項証明書、定款の写しなど
	(2)　その会社の非上場株式等について既に租税特別措置法第70条の7の5第1項、第70条の7の6第1項又は		はい		○　特例株式等納税猶予税額の計算書（贈与税）など

項目	確認内容（適用要件）	確認結果		確認の基となる資料
贈与者	第70条の7の8第1項の規定（以下、「特例措置」といいます。）の適用を受けている者等がいますか。			
	贈与の時：その会社の代表権を有していますか。	いいえ	はい	○ 登記事項証明書、定款の写しなど

2）　後継者の要件

項目	確認内容（適用要件）	確認結果		確認の基となる資料
後継者（受贈者）	贈与の時	①　次のイ、ロの場合に応じて、どちらかの要件を確認してください。		
		イ　その会社の非上場株式等の取得が最初の特例措置の適用に係る贈与又は相続若しくは遺贈による取得である場合 　　平成30年1月1日から令和9年12月31日までの間の贈与による取得ですか。	はい	いいえ	○ 認定書の写しなど
		ロ　イの場合以外の場合 　　イの最初の取得の日から特例経営贈与承継期間の末日までの間に贈与	はい	いいえ	○ 認定書の写し、特例株式等納税猶予税額の計算書（贈与税）など

項目	確認内容（適用要件）	確認結果		確認の基となる資料
後継者（受贈者）	贈与の時	税の申告書の提出期限が到来する贈与による取得ですか。		
		② 20歳以上ですか。	はい　いいえ	○　戸籍の謄本又は抄本
		③　その会社の代表権を有していますか。	はい　いいえ	○　登記事項証明書、定款の写しなど
		④　後継者及び後継者と特別の関係がある者がその会社の総議決権数の50%超の議決権数を保有していますか。	はい　いいえ	○　株主名簿の写し、定款の写し、戸籍の謄本又は抄本など
		⑤　次のイ、ロの場合に応じて、どちらかの要件を確認してください。		
		イ　後継者が1人の場合　後継者及び後継者と特別の関係がある者（その後継者以外の特例措置の適用を受ける者を除きます。ロにおいて同じです。）の中で最も多くの議決権数を保有していますか。	はい　いいえ	○　株主名簿の写し、定款の写し、戸籍の謄本又は抄本など
		ロ　後継者が2人又は3人の場合　総議決権の10%	はい　いいえ	○　株主名簿の写し、定款の写し、戸籍の

項目		確認内容（適用要件）	確認結果		確認の基となる資料
後継者（受贈者）	贈与の時	以上の議決権数を保有し、かつ、後継者と特別の関係がある者の中で最も多くの議決権を保有していますか。			謄本又は抄本など
	贈与の日	贈与の日まで引き続き3年以上会社の役員でしたか。	はい	いいえ	○ 登記事項証明書、定款の写しなど
	贈与の時から申告期限まで	特例対象受贈非上場株式等の全てを保有していますか。	はい	いいえ	○ 特例株式等納税猶予税額の計算書（贈与税）など
	申告期限まで	① その会社の非上場株式等について、租税特別措置法第70条の7第1項、第70条の7の2第1項又は第70条の7の4第1項の規定の適用を受けていませんか。	はい	いいえ	○ 株式等納税猶予税額の計算書（贈与税）など
		② 円滑化省令第17条第1項の確認（同項第1号に係るものに限るものとし、円滑化省令第18条第1項の規定による変更の確認を受けたときは、その変更後のもの）を受けた会社の特例後継者ですか。	はい	いいえ	○ 確認書の写し

3) 対象会社の要件

項目	確認内容（適用要件）		確認結果		確認の基となる資料
会社	贈与の時	① 都道府県知事の円滑化法の認定を受けていますか。	はい	いいえ	○ 認定書の写し
		② 中小企業者ですか。	はい	いいえ	
		③ 非上場会社ですか。	はい	いいえ	
		④ 風俗営業会社には該当していませんか。	はい	いいえ	
		⑤ 特定特別関係会社が風俗営業会社には該当していませんか。また、特定特別関係会社は中小企業者であり、かつ、非上場会社ですか。	はい	いいえ	
		⑥ 常時使用従業員の数は1名以上ですか。 なお、特例の適用に係る会社の特別関係会社が会社法第2条第2号に規定する外国会社に該当する場合には、常時使用従業員の数は5名以上ですか。	はい	いいえ	○ 従業員数証明書
		⑦ 一定の資産保有型会社又は資産運用型会社に該当していませんか。	はい	いいえ	○ 貸借対照表・損益計算書など

項目		確認内容（適用要件）	確認結果		確認の基となる資料
会社	贈与の時	⑧　一定の事業年度の総収入金額は零を超えていますか。	はい	いいえ	○　損益計算書など
		⑨　会社法第108条第1項第8号に規定する種類の株式を発行している場合は、後継者その他の者のみが保有していますか。	はい	いいえ	○　株主名簿の写し、定款の写し、登記事項証明書など
		⑩　現物出資等資産の割合は70%未満ですか。	はい	いいえ	○　特例株式等納税猶予税額の計算書（贈与税）など

（出所）　中小企業庁の資料を一部改編

■ 実質的なバトンタッチの覚悟を問う確認作業

　これらの要件チェック作業を通じて、「株式の贈与だけではなく、先代経営者は代表権をもたないなど、実質的な経営のバトンタッチができるのか」と先代経営者の覚悟を問いただすことができるといえます。

■ 猶予が取消しになることが最大のリスク

　原則として、相続税・贈与税の申告期限後5年間は、後継者による事業継続が必須であり、定められた要件を満たしていくとともに年次報告書を提出する必要があります（この期間を事

業継続期間といいます）。また、事業継続期間経過後であって
も、減資や株式の譲渡を行うと認定が取消しとなります。

　このような取消しの事由（正式には確定事由といいます）には
さまざまなものがありますが、事業継続期間で終了するもの
と、その後もずっと取消事由として、免除が確定するまで続く
ものがあります（次頁の表参照）。取消しとなった場合、猶予さ
れた税額の全部または一部、さらにそこまでの利子税も合わせ
て支払う必要があります。

　さらに、贈与税は免除となっても、相続税が免除になるには
後継者が死ぬまで株式を保有し続けることが要件となります。

　リスクがあってもそれを上回るメリットがあるといえるの
か、万が一取消しとなった場合に納税資金の準備はできるかな
どをよく検討のうえで適用を受けましょう。超長期にわたる相
続税対策が有効かどうかについては慎重な分析が必要です。

〈認定取消事由の概要とその帰結（贈与税）〉

	事　由	事業継続期間内	事業継続期間経過後
先代経営者（贈与者）の要件	1．再び認定承継会社の代表者になった場合	A	—
	2．先代経営者（贈与者）が死亡した場合	C	C
後継者（受贈者）の要件	1．認定承継会社の代表者を退任した場合	A※1	—
	2．議決権同族過半数要件を満たさなくなった場合	A	—
	3．同族内筆頭要件を満たさなくなった場合	A	—
	4．納税猶予対象株式を譲渡した場合	A	B
	5．次の後継者（3代目）に対して納税猶予の認定を受ける贈与をした場合	C※2	C
	6．自発的な猶予の取消申請をした場合	A	A
	7．後継者（受贈者）が死亡した場合	C	C
会社の要件	1．雇用の平均8割維持要件を満たせなかった場合に、実績報告を行わなかったとき	A	—
	2．会社分割（吸収分割承継会社等の株式等を配当財産とする剰余金の配当があった場合に限る）	A	B
	3．組織変更（認定承継会社の株式等以外の財産の交付があった場合に限る）	A	B
	4．解散した場合	A	A
	5．資産保有型会社・資産運用型会社に該当した場合	A	A
	6．総収入金額ゼロに該当した場合	A	A
	7．資本金・準備金を減少した場合（欠損填補目的等を除く）	A	A
	8．合併により消滅した場合（第5章第1節に掲げる場合を除く）	A	B
	9．株式交換・株式移転により完全子会社となった場合（第5章第2節に掲げる場合を除く）	A	B
	10．上場会社・風俗営業会社に該当した場合	A	A
	11．特定特別子会社が風俗営業会社に該当した場合	A	A
	12．黄金株を特例措置の適用を受ける後継者以外の者が保有した場合	A	A
	13．後継者の代表権・議決権を制限した場合	A	A
	14．年次報告書や継続届出書を未提出又は虚偽の報告等をしていた場合　等	A	A

A…猶予されていた贈与税の全額及び利子税を納付します。
B…猶予されていた贈与税のうちの一部及び利子税を納付します。
C…猶予されていた贈与税が免除されます。（税務署に「免除届出書」又は「免除申請書」を提出してください。）免除対象贈与の適用を受ける場合には、免除対象贈与した株式等に対応する部分のみが免除されます。
※1　後継者に「やむを得ない理由」が生じた場合を除きます。
※2　後継者に「やむを得ない理由」が生じたことにより株式等の贈与をした場合に限ります。

（出所）　中小企業庁

Q43

事業承継税制の活用支援にあたり認定支援機関の関与が必要とのことですが、支援を行う場合に注意しておくことはありますか

支援先と将来トラブルとならないように、適用要件を満たすかどうかを確認したうえで、納税猶予取消しとなるリスクについて十分に理解し、企業に説明、指導する必要があります。問題が生じないように事前の対策を講じておくなど、しっかりとした支援体制を整備しておくことが必要です。

■ 将来のトラブル要因となりそうな主な事項

　認定取消事由に該当していることが判明した場合には、経営承継円滑化法の認定が取り消されます。認定を受ける前、すなわち贈与をする前に説明を行い、対象会社から次頁の表の内容を理解した旨の確認書を取り付けるなども検討するとよいでしょう。

〈認定取消事由の概要と必要な手続（贈与税）〉

事　由	必要な手続き
１．後継者（受贈者）が死亡した場合	随時報告
２．認定承継会社の代表者を退任した場合（代表権を制限されたことを含む）	随時報告
３．雇用の平均８割維持要件を満たさなくなった場合	（※）
４．議決権同族過半数要件を満たさなくなった場合（一部再贈与について確認を受けた場合を除く）	随時報告
５．同族内筆頭要件を満たさなくなった場合（一部再贈与について確認を受けた場合を除く）	随時報告
６．認定に係る贈与により取得した株式の議決権に制限を加えた場合	随時報告
７．（持分会社の場合）後継者の議決権を制限した場合	随時報告
８．納税猶予対象株式を譲渡した場合（一部再贈与について確認を受けた場合を除く）（吸収分割承継会社等の株式等を配当財産とする剰余金の配当があった場合を含む）	随時報告
９．黄金株を特例措置の適用を受ける後継者以外の者が保有した場合	随時報告
10．解散した場合	随時報告
11．上場会社・風俗営業会社に該当した場合	随時報告
12．資産保有型会社に該当した場合	随時報告
13．資産運用型会社に該当した場合	随時報告
14．総収入金額ゼロに該当した場合	随時報告
15．特定特別子会社が風俗営業会社に該当した場合	随時報告
16．年次報告書を未提出又は虚偽の報告等をしていた場合	随時報告
17．偽りその他不正の手段により認定を受けた場合	随時報告
18．資本金を減少した場合（欠損填補目的等を除く）	随時報告
19．準備金を減少した場合（欠損填補目的等を除く）	随時報告
20．組織変更があった場合（認定承継会社の株式等以外の財産の交付があった場合に限る）	随時報告
21．再び認定承継会社の代表者になった場合	随時報告
22．先代経営者（贈与者）が死亡した場合に切替確認を受けなかった場合	（臨時報告）
23．自発的な猶予の取消申請をした場合	― （注：取消申請書を提出）
24．合併により消滅した場合（第５章第１節に掲げる場合を除く）	合併報告
25．株式交換・株式移転により完全子会社となった場合（第５章第２節に掲げる場合を除く）	株式交換等報告

（※）　特例の認定を受けた場合は、雇用が８割を下回った場合でも認定取消とはならない代わりに、その理由について都道府県に報告を行わなければなりません（様式第27を使用してください）。その報告に際し、認定経営革新等支援機関が、雇用が減少した理由について所見を記載するとともに、中小企業者が申告した雇用減少の理由が、経営悪化あるいは正当ではない理由によるものの場合は、経営の改善のための指導及び助言を受ける必要があります。

（出所）　中小企業庁

■ 遺留分の侵害についてのリスクを認識し対策を講じておく

　自社株式の承継については、いくつかの優遇税制の活用が検討できます。

　会社の経営を安定させるためには、できるだけ多くの自社株式を後継者に保有させることが望ましいわけですが、すると後継者以外の相続人の相続財産が少なくなり、相続人から遺留分侵害の訴えを起こされる可能性があります。

　平成31年4月施行の民法の改正で従来の遺留分減殺請求権が見直され、遺留分侵害請求権となりました。贈与した株式を元どおりにしろとはいわず、金銭で解決するという法的性質の権利です。また、10年よりも前に贈与された財産については遺留分の計算に含まないことになりました。

　とはいえ、自社株式が相続財産の大宗を占めるために、後継者以外の相続人の遺留分の侵害について金銭では解決できないケースも十分想定できます。事業承継税制の活用の検討の入口で、遺留分の問題が生じる可能性の有無と、問題が生じても対応ができるように、他の推定相続人から自社株式を遺留分の対象から外す旨の「除外合意」を取得するなど事前の対策をしっかり行いましょう。

Q 44 認定支援機関のほかのコンサルティング業務と比較して、事業承継支援業務にはどのような特徴があるといえますか

事業者や経営者の個別事情に立ち入り、先代経営者や後継者の気持ちに沿った解決策を考える必要があります。

■ 事業者ごとに異なる事情

　事業承継コンサルティングを他のコンサルティング業務と比較して、難易度が高く、またやりがいのあるところでもあると思われる点は、事業のみならず経営者のプライベートな資産状況や家族関係にも立ち入ることになるという点です。事業者それぞれの事情をのぞき込むことになるので、いわゆる「懐に飛び込んだコンサルティング」が実践できることにもなります。

　時には、家族にも相談できないような経営者の課題を共有することもあります。情報の取扱いはきわめて厳格に取り扱うことが必要です。また、経営者の感情の変化によって承継に関する考え方も変容していきます。このようなことに対応して、人間味ある相談業務を継続することで、強固な信頼関係につながっていきます。

　一方で、引き継ぐ者もいることを忘れてはなりません。先代経営者だけではなく、配偶者や後継者、後継者以外の家族、社員、取引先などにとっても、事業承継が最適なものになるよう

に配慮し、実行支援する覚悟が必要です。

　いきなり、事業をやめることになったという連絡をもらうのは実に寂しいことです。顧客が決断する前に相談されなかったということは、厳しい言い方をすれば、経営者の身近な経営支援の専門家としては不合格だったということにならないでしょうか。結果は同じでも、廃業や事業譲渡の前に、相談してもらえるような関係を構築したいものです。

　金融機関職員は、「中小企業の経営者は事業をやめようかという相談を金融機関に対して直接しないことが多い。顧問の会計事務所等が最初の相談窓口になっているのではないか」といいます。しかし、会計事務所等はM&Aや事業に関する専門知識が不足していて、廃業抑制の具体策が見出せず、残念ながら退出を見送っているケースが多いようです。本書で紹介した施策により、ふだんから働きかけを行うことで、引継先が見つからず廃業する企業の数が少しでも減ることを期待します。

■ 後継者がいても第三者に譲渡するケースもある

　事業承継支援を行っていると、自社に後継者が存在するのに、M&Aで第三者に事業を譲り渡す事例に遭遇することがあります。長男などを次期後継者として育ててきたはずなのに、あっさり事業譲渡で手放してしまうケースが少なくなく、当初、私はそれが不思議でした。

　事業譲渡の理由を聞いてみると、後継者の力量不足というよりは、事業の展望が悲観的で、後継者の資質に問題がなくて

も、厳しい経営環境に置くのは可哀想という親心が優勢となるようです。

　少子化、地方経済の縮小と市場展望は暗い。しかも、昔と違って5年で事業モデルは様変わりするので、今後のビジネスモデルが想像しにくい。後継者も本音では経営者保証を拒んでいる。であれば、いままで自分が構築した事業資産のすべてを2割程度の税金で一気に現金化したほうがいい。親族にも、金融資産を残してやるほうが得策かもしれない。自分と同じ苦労はさせたくないというわけです。

　後継者がいるのにM&Aで会社を売る経営者は、このような心理をもっていることも理解しておくとよいでしょう。

■ 事業譲渡された後継者の心理とは

　一方、事業譲渡されてしまった企業に残された後継者が、譲渡後の事業者に継続雇用されるケースが多いのにも驚かされます。先代経営者が後継者の待遇の保全を事業譲渡の条件にすることも多く（役員とはいわないまでも、相応の報酬獲得が持続できるように契約内容に織り込まれます）、後継者の経済的な安定を重んじた結果なのでしょう。

　代表となり社員を引率して経営を持続させる覚悟はしていたものの、経営者保証には家族からの反対意見もあり、経営経験豊かな新社長のもとで役職者として安定した就業を継続するのも悪くはないと思う後継者も少なくないようです（本音では、ちょっとホッとしているのかもしれません）。経営者は「後継者に

他の第三者に会社を譲るくらいなら、自分は会社を辞めて、新たな会社を興すというくらいの気概があるならば、ひょっとしたら事業譲渡も考え直したかもしれない」といいます。

このように、事業者には百社百様の事情があり、経営者にはさまざまな考え方が存在することを認識することが必要です。

Q45 事業承継支援にあたって必要となる M&Aの基礎知識は何ですか〈1〉

これだけは覚えておくべきM&A基礎用語……株式譲渡と事業譲渡、デューデリジェンス、LBO、MBO、ノンネームシート、NDA/CA

■ 株式譲渡と事業譲渡

(1) 株式譲渡

株式価値を評価して、株式を売買するスキーム。買い手は保有不動産等の所有権移転の費用が不要であることから税負担が軽減できる一方で、債権債務を引き受けることになるため、さまざまな角度からのデューデリジェンスが必要です。

(2) 事業譲渡

債務を切り離し、すべてまたは一部の事業資産を売買するスキーム。一般的には、収益部門などの事業価値のある特定の資産を切り出して譲渡するため、金融機関等債権者との個別交渉が必要となります。不動産の譲渡を伴う場合は、不動産取得税等の資産移転に係るコストが発生します。

■ デューデリジェンス

デューデリジェンス（Due Diligence）とは、M&Aを行うにあたって、買収対象となる企業や事業の価値やリスクなどを調

査することを指します。デューデリジェンスには、主に財務の調査をする財務デューデリジェンス、各種規定や契約書などの法務面をチェックする法務デューデリジェンス、人事労務面の問題がないかどうかを調査する労務デューデリジェンス、事業の価値やリスクなどを調査する事業デューデリジェンスがあります。

■ LBO (Leveraged Buyout)

買い手が対象会社を買収する資金を調達するために、買収先の資産を担保として借入れを行う方法です。たとえば、対象会社の役員が後継者となる場合に、株式取得資金を金融機関から借りるために、譲り受ける自社株式を担保に入れて融資を受けることがあります。借入返済の原資は、役員報酬を増額するなどして得られる個人の所得から捻出することとなるので、会社にとっては財務に影響があること、個人にとっては所得税や社会保険料の負担が増加することを見込む必要があり、慎重な財務計画が必要です。

■ MBO (Management Buyout)

役員などがオーナーから株式等を買収したり、事業部門の統括者が事業を譲り受けてオーナーとして独立したりするケースなどをいいます。つまり、MBOとはマネジメントを行う立場に売却することです。一方、社員クラスに売却する場合をEBO (Employee Buyout)、従業員買収といいます。その際の資

金調達手法としては、LBOを用いた例が多くみられます。

■ ノンネームシート

プロポーザルシートや企業概要書とも呼ばれ、M&A対象企業の企業概要を対象企業がどこか特定されない程度に匿名でまとめた書類を指します。M&A仲介業者が買収先を探している買い手に対して意向を打診する際に使用します。買い手に関心がある場合は秘密保持契約を取り交わし、決算申告書等詳細情報を開示して買収について検討を深めます。

■ NDA/CA

M&Aを支援する際に最も注意すべき点は機密情報の管理で、特に徹底した秘密保持が要求されます。事業者が譲渡を希望しているという情報や内部情報は、その事業者にとっての信用問題、企業の存続にかかわる問題につながるからです。このため、M&Aの支援を通じて知りえた情報などを取引の目的以外に利用したり、他人に開示・漏洩したりすることを禁止する契約を締結しておきます。NDA（Non-disclosure Agreement）、CA（Confidentiality Agreement）は、どちらも秘密保持契約の略称です。支援者として締結する必要があるだけでなく、相手方の企業、仲介会社とも締結するケースが多いようです。

これだけは覚えておくべきM&A基礎用語……FA、営業権（のれん代）、EBITDA、レーマン方式、意向表明書と基本合意書、クロージング

■FA

　FAとはファイナンシャルアドバイザーの略称で、M&Aにおいて買い手または売り手に対して助言する支援者です。仲介業者は、M&Aを成立させるために売り手、買い手の中間で支援をする立場ですが、FAは売り手か買い手のどちらか一方の支援者となり、その利益を最大化するために行動します。ついては、手数料はどちらか一方からもらうことになります。スモールM&Aにおいて、譲渡者にとっては譲渡価額の大きさも重要ですが、退職金支給もうまく絡めながら、譲渡に係る税金対策の助言を受けることが重要です。その意味で、譲渡側のFAに税務顧問の会計事務所等がつき、支援を行うのが理想的なのではないかと思います。

■ 営業権（のれん代）

　通常、資産の売却は時価で行いますが、中小企業のM&Aにおいては一般的に利益のあがっている事業には価額が上乗せさ

れ、赤字の事業は減額されて取引が行われます。この上乗せ部分を、営業権またはのれん代と呼んでいます。営業権の査定方法としてわかりやすく、売る側、買う側が共通して納得しやすいのは、事業キャッシュフローの何年分に相当するかという計算方法です。つまり、中小企業の事業の価額は、純資産価値＋営業権（想定される事業キャッシュフローの何年分）で計算し、取引を検討するのがお勧めです。

■ EBITDA

EBITDAとはEarnings before Interest, Taxes, Depreciation and Amortizationの略称で、「イービッダー」とか「イービットディーエー」と呼ばれます。税引前当期利益に支払利息と減価償却を加えて算出する、キャッシュフローの分析上の考え方の1つです。

■ レーマン方式

レーマン方式とは、仲介事業者等が用いるM&A取引における成功報酬の計算方法をいい、売買金額や資産規模、債務の額などに応じて報酬額が増加するように設定されています。金額が大きくなると料率は低くなるという、以下のような仕組みになっています。

売買金額が5億円までの部分……………………………5％
売買金額が5億円を超え10億円までの部分………4％
売買金額が10億円を超え50億円までの部分………3％

売買金額が50億円を超え100億円までの部分 ……2％

売買金額が100億円を超える部分 ………………1％

■ 意向表明書と基本合意書

　どちらもM&Aの成約に至るまでのプロセスで取り交わされる書類の名称です。意向表明書は、譲受企業側が売り手に対して一方向で提出する書面です。事業を購入したい理由、希望の条件、資金調達方法、スケジュールなどが記載されています。この内容をもとに諸条件の交渉を進め、双方の合意ができた時点で、両者で基本合意書を取り交わします。一般的には基本合意書を取り交わした後にデューデリジェンスを行い、当初想定した範囲を超えるリスクがなければ基本合意の内容どおりの条

〈M&Aの流れ〉

FA契約（CA契約） → 譲渡先の検証 → 譲受希望先へ財務資料提出（CA入手） → 譲受企業が買収を希望 → 意向表明書の提出 → 諸条件の交渉 → 基本合意書の締結 → デューデリジェンス → 最終契約締結

（出所）　筆者作成

件で取引が成立することになります。また、通常は基本合意書
に独占交渉権の記載があるので、基本合意締結後は他の譲受希
望先との交渉等ができないことになります。

■ クロージング

クロージングとは、最終の株式譲渡契約書等により実質的な
経営のバトンタッチを実行する手続を指します。株式や事業資
産の引渡手続、譲渡代金の支払手続、代表者交代の登記手続、
会社実印の引渡しなどがあります。中小企業のM&Aなどで
は、最終譲渡契約書調印日にすべて同時に実施することが多い
といえます。

Q47 スモールM&Aでは、株価をどのように算定しますか

中小企業のM&Aの現場では、将来のキャッシュフローの数年分として営業権（のれん代）を評価し、それを時価純資産価額に加算する方式を採用するとよいと考えます。

■株式価値算定の方法には3つある

中小企業のM&A、なかでもスモールサイズといわれる、売買金額が3億円未満のM&Aにおける売買金額の決定方法について、原則的な株価算定の方法をみてみましょう。

⑴　コストアプローチ（時価純資産方式）

事業者の貸借対照表の時価純資産を株式価値とする考え方です。時価純資産とは、事業をやめたときに残る正味の財産価額です。直近決算の貸借対照表をもとに、買い手側の財務デューデリジェンスによって資産、負債の実態把握作業を行い、算定されます。

⑵　マーケットアプローチ

株式市場における類似業種の価額を基準にし、それと比較して対象企業の株式価値を算定する方法です。市場株価法や類似会社比較法（マルチプル法）、類似取引比較法などがありますが、中小企業のM&Aにおいては当事者の意向と乖離した価額が算定されるケースも多いため、価額の妥当性判断の参考程度

にしか採用されていないようです。

(3) インカムアプローチ

株主が将来獲得すると予想されるインカム＝収入を基準にし、収入を一定の期待収益率（割引率）で割り戻して計算する方法です。この収入は会計上の利益とは異なり、手取りの収入、つまりキャッシュフローで計算されるのが一般的です。

キャッシュフローの計算方法には、EBITDAや「経常利益＋減価償却費－法人税等」という計算式が利用されます。理論的に正しい投資判断の方法といえますが、中小企業のM&Aにおいては、事業の将来をどこまで正確に予測できるかが重要となります。将来のキャッシュフローの分析手法としては、財務と事業の状況を示す情報を入手し、現実的な5年程度の事業計画を作成します。さらに設備更新や所要運転資金の変化に伴うキャッシュフローの増減などを織り込んだ、精緻な計数計画を作成することが重要となります。

■ 実態は(1)のコストアプローチと(3)のインカムアプローチとの合算で算出するとオーナーの納得が得られやすい

私が扱ってきた中小企業のM&Aでは、将来のキャッシュフローの数年分の営業権（のれん代）を評価し、それを時価純資産価額に加算する方式を採用しています。

事業資産をすぐ現金化したらいくらになるかということと、将来の手取収入を先取りするという売り手オーナーの経済性に

配慮している点で、売り手オーナーに納得してもらいやすく、買い手にも算定根拠が説明しやすい方式といえます。結果的に、買い手の譲受希望金額と売り手の譲渡希望価格の乖離が大きくならず、成約に至る可能性を保持できると思います。

　最近、注目を集めているM&Aプラットフォームなどで、計

〈スモールM&Aにおける理論株価の計算方法〉

①時価純資産＋②キャッシュフローの３年から５年分

〔①、②の具体的な算出方法〕

①について：資産負債の査定を行う／時価純資産の算定
・現物＋関係帳票より時価評価を行う
・取引相場のあるものは時価算定を行う
・換金価値を第三者に査定依頼（車両、設備）
・契約書の確認と資産性（保証金、保険契約）
・資産の要不要と設備の更新の必要性
・未払金、簿外債務、租税公課の確認

②について：キャッシュフロー＝営業権（のれん代）の評価を行う（EBITDA（注）３年から５年のレンジを用いるのが一般的）
・事業計画書があれば入手
・取得後の役員報酬、交際費と変動要因を推定
・直近決算と試算表から将来予測を行う
・DCFまでは行うことは少ない
・特別一過性の収支、損益の把握と将来分析

その他株価評価に関係する事項
・労務面の問題の有無（未払残業、労働争議）
・法務面（違法建築、免許更新の可能性、関連業法の違反の有無）
・税務調査リスク
・役員退職金の適正額譲渡日までの財務状況維持の確認
・競業避止と顧問継続

（注）　EBITDA＝税引前利益に支払利息と減価償却費を加算したもの。
（出所）　筆者作成

算根拠をとうてい理解できないような高額な希望価額で売り案件が掲載されているのを見かけますが、やはり引合いは少なく、成約に至るケースも少ないのを残念に思います。やはり、スモールM&Aにもある程度の適正な相場感覚が必要であり、そうした相場感覚をもった助言役は必要だと感じます。

Q48 スモールM&Aの支援では、どのような点に注意する必要がありますか〈売り手の支援〉

買い手が対価を支払う対象を明確にするために、会社の実態を誠実に開示すること、譲渡に係るリスク、譲渡までに会社と個人の債権債務をきちんと整理しなくてはいけないことなどを売り手に説明する必要があります。

■ 売り手企業にとっては初めての経験

　スモールM&Aにおける売り手企業のほとんどは、M&Aの経験のない企業です。売り手企業のなかには、譲渡とは何を売るのかをいまひとつ理解できていない経営者や関係者が存在することを念頭に置く必要があります。とりわけ株式譲渡は資産、負債をそのまま買い手側に引き継ぐことになるということが理解しにくいのでしょう。譲渡直前に勝手に法人の資産を処分しようとしたり、経費支払を増やしてしまったりする事例が見受けられます。

　売り手側の支援者であるならば、売り手に対して、クロージングに向けて財務を誠実に開示し、適正に維持しなくてはならないこと、また個人と法人間で貸付金や借入金がある場合は譲渡時までに精算されることなどを、M&Aの取組みの初期段階から丁寧に説明しておくほうが賢明です。譲渡後、重大な瑕疵

が見つかり買い手側が損失を被った場合、諍いとなるリスクも考慮しておく必要があります。

　売り手企業の株主でもある経営者の奥様が、「会社の預金は全部個人に移して、残った財産を引き渡すのかと思っていたわ。聞いていた話と違うわね」といったというヒヤッとする事例がありました。経営者には理解してもらっていたつもりでしたが、奥様にはどうやら間違って伝わっているようでした。慌てて株式の現金化の流れを丁寧に説明し、何とか理解していただけましたが、以後は早い段階から関係当事者にはクロージングまでの流れとスケジュールなどの説明資料を配付して、「顧問の会計事務所の先生にも確認してもらって助言を受けてください」というようにしています。

　売り手側の心理としては事業を手放す寂しさがあり、譲渡条件がはたしてよいものかどうかの判断がしにくく、譲渡に向けた手続が手際よく進むほど、不安に感じてしまうのが当然だと思います。そこで、早い段階から顧問の会計事務所が助言役として立つことが望ましいといえます。売り手は、買い手側からの提示条件の評価をしてくれる相談者がいれば心強いはずです。

■ 役員退職金支給は最大に

　事業承継を株式譲渡で行うことの大きなメリットは、どんなに譲渡価額が高くても約20％の税金だけで一気に現金化できること、そして税務メリットの大きな退職金を受け取ることがで

きることであるといえます。退職所得は控除額があり、給与など他の所得と分離して計算される分離課税で、課税所得も2分の1になるため税額が抑えられます。この優遇された退職金の税制をフルに活用しない手はありません。といっても、退職金は一定額を超えると、株式譲渡の税率を上回ってしまいます。株式譲渡と退職金を最適に組み合わせることが、会社に蓄積した留保利益を最も効果的に現金化する方法であるといえます。

■ その他の資産も上手に移転する

　また、中小企業経営では、法人と個人を明確に区分している経営者は少なく、実態として社用車をマイカーとして使っていたり、生命保険も経費性のある法人契約を中心としていたりします。「事業を売ってしまうと、車がなくなる」「個人の医療保険、生命保険もほとんどない」となるわけです。

　一方で、買い手側企業にとっても先代経営者個人に紐づく資産は譲受け後、必要がありません。そこで、こういう場合は、車両を退職金の一部として現物給付することや、保険契約は解約せず個人へ名義書換えをする（ただし、解約返戻金額で譲渡するか、退職金として給付するかを検討）ことで、売り手側は経済的なメリットが得られます。

　また、経営者個人の土地の上に、法人の建物が建っていることもよくあります。買い手企業にとっては安定した事業運営のために、通常は当該不動産の買取りを希望するでしょう。株式譲渡にあわせて、不動産価額の交渉も行うことになります。

事業用不動産の譲渡に際しては、当然譲渡所得の税金が発生します。顧問の会計事務所等と連携して、税効果の高い組合せ、つまり役員退職金と株式譲渡、そして保有資産の譲渡価額のベストミックスを選択することが、スモールM&Aの売り手側にとって最も付加価値の高い支援業務であるといえます。

スモールM&Aの支援では、どのような点に注意する必要がありますか〈買い手の支援〉

買い手は売り手よりも大きなリスクを抱えるので、譲渡前にいかにそのリスクを顕在化させ、譲り受けた後の事業の継続、伸長が可能かどうかの見極めを慎重かつ専門的に行うことが重要です。また、売り手の従業員や取引先など目にみえない知的資産が変容するリスクを十分に織り込んで買取を検討する必要があります。

■ スモールM&Aの成功確率は3割

　スモールM&Aを担う専門家の間では、スモールM&Aにおいて、買い手にとって「効果があった」「成果があがった」と評価できる件数の割合、すなわちM&Aの成功確率はおおよそ3割くらいではないかというのが一致した意見です。それだけ、中小企業は事業の変容リスクが大きく、M&Aでオーナーがかわることによって従業員、取引先が大きく減少し、事業継続に支障をきたすケースも珍しくありません。

　スモールM&Aだから多額なデューデリジェンス費用はかけられないというのは、理解はできるのですが、設備の瑕疵なども潜在的なリスクとしてしっかり調査をしておくべきでしょう。

もっとも、スモールM&Aにおいては、大規模で本格的な
デューデリジェンスはコスト負担が大きいと考えられます。売
り手側の会計事務所にも協力してもらいながら進めることで、
円滑で低コストなデューデリジェンス業務が実施できるケース
も少なくありません。

■「ヒト」「モノ」の更新コストを織り込んで査定する

　小規模な事業者であればあるほど、その企業文化が独特だっ
たり、従業員のなかに求心力のある幹部社員がいたりする場合
が多いものです。社員の抵抗が強くてM&A後の経営改革が進
まなかったり、社員が連なって離職してしまったり、離職した
営業マンが競合他社に移って取引を奪ってしまったりする事例
を多くみてきました。社員には、勤務先と同種または類似の企
業に就業したり自ら経営したりしない義務、すなわち競業避止
義務があります。また不正競争防止法は、営業秘密を漏洩する
ことに対して一定の法的措置を認めています。

　これらの違反行為を行う者が売り手企業の取締役などであれ
ば、会社法や不正競争防止法、あるいはM&A契約の定めによ
る損害賠償請求などが可能な場合がありますが、従業員の場合
は対抗措置が奏功しないことが多いようです。したがって、買
い手は就業規則における退職後の競業避止義務の規定を確認し
て譲受け時に労働契約の見直しを検討するほか、顧客情報など
を含む営業秘密の管理に関する服務規程の整備を行うなどの善
後策を講じておく必要があります。

スモールであればあるほど、会社の体制や事業基盤が脆弱であることを認識して、譲受けの条件を慎重に取り決め、表明保証などの契約面でリスクを低減させる努力が必要です。

地域金融機関がスモールM&Aに取り組む意義は何ですか

経営状況を把握している取引金融機関が積極的に働きかけをすることで廃業を抑制し、営業地域における雇用と融資取引（融資先数）を維持することができます。

■ 急速に融資先が消えていくという肌感覚

　地域金融機関の職員の方々から、「廃業は相談もなく、結果報告のケースが多い」という声を聞きます。現在、廃業を選択する企業の半数が黒字経営だそうです。将来は先細りなので、黒字のうちに店をたたんでしまおうというわけです。

　一方、小規模のM&Aの案件が最近、急激に増えてきたという話も聞きます。ある信用金庫本部の支店サポートセクションの担当部長は、次のように話していました。

　「小規模ながら財務内容はまずまずで、後継者がいない長年のメイン取引先があった。支店と本部で事業承継の課題は共有しつつも、小規模であるため、仲介業者に依頼をした場合の仲介手数料の大きさや、信用金庫自体のコストをかけない方針のため、相手がなかなか見つからなかった。そこへいきなり、「引受先が決まりました」という挨拶を受けた。引受先の企業は当金庫の営業区域外の企業で、事業承継と同時に融資取引も解消となってしまった」。

以前は人口が過密になり、地価が高騰した都市部から郊外へ人口がシフトするドーナツ化現象が起こっていましたが、最近では居住人口や大学などが都市部に回帰する逆ドーナツ化現象が目立ってきています。この信用金庫の事例は中小事業者の都市部回帰の大きなうねりの表れともいえ、都市部から離れた郊外の店舗を数多く抱えている地域金融機関にとっては他人事ではないのではないでしょうか。

■ 身近なところに引受手がいるケースも

　また、ある支店長は次のように語っていました。

　「地域金融機関は、地域の事業者向けにビジネスマッチングフェアなどを主催し、地域社会での地産地消を目指している。実はそのなかで、事業承継が決まった例もある。そのフェアで知り合い、事業についての話合いを深めているうちに、「それならば、うちの事業を引き継いでくださいよ」となったそうだ」。

　このケースだと、地域金融機関の顧客の数は減るのですが、地域における雇用確保や与信残高は維持できたということになり、成功事例だといえるでしょう。

　いろいろな地域金融機関の経営層や職員とスモールM&Aに向けた取組みについて聞くと、事業引継ぎ支援センターなどの公的なマッチング機能を利用する際にも、まだまだ取り扱う案件の規模は大きめで、それなりにコストもかかるようです。スモールM&Aの案件には地域金融機関が密接に関与してコスト

を下げるべきです。そうでないと民間の仲介業者が広域な範囲で相手を見つけてきて、結局は縁が切れてしまいます。事業者があきらめて廃業を選択してしまうことも多いでしょう。

　もっとも、地域金融機関にはM&A業務に関する専門性の高いサポート体制がなく、人的リソースもないため、対応ができていないのが実情です。卵が先か鶏が先かの話になりますが、ノウハウがないからといって敬遠せず、まずは手がけてみることだと思います。そうすれば、スモールM&Aをむずかしく考えすぎていたと気づくはずです。スモールM&Aをむずかしく考えすぎることこそが、支援者の増加を妨げ、コスト増を招いている主因だと思います。

第 5 章

金融支援

Q51 認定支援機関にとって、中小企業の事業計画や改善計画を作成することにはどのような意義がありますか

中小企業者が金融機関から金融支援を受けるために必要な事業計画を作成する際に、国から補助を受けることができる、経営改善計画策定支援事業（405事業）や早期経営改善計画策定支援事業という認定支援機関固有の制度があります。

■ 融資を簡単に受けることができない企業に事業計画が有効

　認定支援機関には、事業者が金融機関から金融支援を受けるために、認定支援機関の支援を受けて事業計画を策定すると、国の補助を受けることができる、経営改善計画策定支援事業（405事業）や早期経営改善計画策定支援事業という制度があります。したがって、金融機関が必要とする事業計画とは何かを事業者側および認定支援機関である会計事務所等は理解しておく必要があります。

　金融機関からはピントのあった計画を策定してくれる事業者や会計事務所が少なく、自ら計画を作成せざるをえないという声をよく聞きます。

　一般的に財務状況に問題のある取引先に対する融資判断が厳しくなることは、貸出業務においては当たり前のことです。で

も、財務のどのような点が問題とされているのか、どこまで改善する必要があるのかを理解して、改善目標を設定し、目標達成までの道筋を示すことができる事業計画作成の担い手は少ないようです。

　金融機関が問題視する財務は主に2つあります。いずれかに該当してしまうと、融資がむずかしくなります。いってみれば「金融機関が嫌がる財務」ということになります。そういった状況に陥らないよう財務を維持する、または該当した場合はいち早く改善を図る計画を金融機関に提出することが必要です。

■ パワポ思考よりエクセル思考

　何が「金融機関が嫌がる財務なのか」についてはQ52で詳述することにして、ここでは計画作成にあたっての一般的な留意点について触れましょう。

　事業計画の策定を事業者側に依頼すると、パワーポイントを使用した、右肩上がりの増収増益の損益計画と企業理念・ビジネスプランの説明に力点が置かれた資料が作成されるケースがよくあります。しかし、金融機関としては、何のために資金が必要なのか、融資はいくら必要で、営業キャッシュフローでその返済が問題なくできるのかという計数計画がほしいのです。そもそも営業キャッシュフローが潤沢で、財務内容も問題のない事業者であれば、事業計画自体必要はありません。

　金融機関から融資を受けにくい場合に、問題なく返済できることを示す補完的な資料を事業者側から提出することが、事業

計画提出の意義といえます。金融機関は、事業者に急成長を遂げる事業モデルを望んでいるのではなく、安定した財務内容を維持して、返済が滞ることなく、末永く融資取引が続くことを望んでいるのです。そういう意味で、金融機関は、事業内容が中心の経営計画に近い事業計画よりも、税額計算まで織り込んだ緻密な資金計画に近い事業計画のほうをほしがります。つまり、パワポ思考よりエクセル思考が肌にあうのです。

Q52　金融機関が融資しにくいと感じる財務内容とはどのようなものですか

貸出が不良債権になってしまうような財務内容では、金融機関は融資することができません。不良債権になるかどうかは、①債務超過かどうか、②債務償還年数が10年未満かどうかがポイントになります。

■ 不良債権にならないためにはどうすればいいか

　Q51では、金融機関から融資を受けるために、融資がしにくい財務内容に陥らないようにする、または融資がしにくい財務内容に陥ってしまった場合はいち早くその状況から抜け出すために事業計画を策定し、金融機関に提出する必要があると述べました。

　では、そもそも金融機関はなぜ融資がしにくいと判断するのでしょうか。

　融資先に対しては次頁の表のような区分があって、その区分によって貸倒引当率が異なります。正常先なら問題はないのですが、要注意先からその率が大きくなっていきます。また、この債務者区分が要管理先以下の悪い区分になると「不良債権」とされます。

　不良債権と認識されると当然、融資はむずかしくなります。その一歩前の「その他要注意先」も「不良債権に近い」と判断

〈「債務者区分」の一覧〉

区分名		概要	引当率	
1．正常先		財務内容に特段の問題なし	0.2％程度	
2．要注意先		財務内容に問題がある等、注意を要する		
	その他要注意先	「要注意先」のうち、「要管理先」以外	3％程度	不良債権に該当（開示）
	要管理先	・金利の減免や返済猶予等を実施 　（貸出条件緩和債権） ・3カ月以上延滞	15％から20％程度	
3．破綻懸念先		経営破綻に陥る可能性が大	60％程度	
4．実質破綻先		実質的に経営破綻	100％	
5．破綻先		法的・形式的に経営破綻	100％	

（出所）　金融庁の資料より

され、積極的な融資はできないと考えるのは当然のことでしょう。

　それでは具体的にどのような財務状況だと、要注意先や不良債権として判断されてしまうのでしょう。個人の資産背景や事業性などの非財務情報を加味した判断をするため、一概に断定はできませんが、金融庁が示した形式基準という考え方があり、2つの財務指標が採用されているのです。

① 　債務超過でないこと（自己資本プラス）

② 　債務償還年数が10年未満であること

　これら2つの指標の両方を満たす財務状況であれば、赤字が

続いていても正常先として判断できるという考え方です。

①は自己資本がマイナスになるのは問題ということで、理解しやすいでしょう。

②の債務償還年数とは何を示す指標かというと、借入金が多すぎるかどうかを判断する際に使用される指標です。わかりやすくいうと、手取りの収入（キャッシュフロー）に対しどのくらいまでの借金なら耐えられるかを示す指標なのです。借入金総額から「所要運転資金」（Q53参照）を引いた金額を「要償還債務」といい、この「要償還債務」が10年分のキャッシュフロー（厳密には「経常利益＋減価償却費－法人税等」で算出される返済原資）未満であれば問題はない（正常先）とされます。

つまり、以下の計算式を満たすようであれば、金融機関は問題ない債務者と判断するのです。

$$\frac{\text{要償還債務（有利子負債－所要運転資金）}}{\text{返済原資（経常利益＋減価償却費－法人税等）}} < 10$$

この計算式が示すことは、事業者の借金に対する評価基準は金額の多い少ないではなく、キャッシュフローの何年分に相当するのかであるということです。逆にいえば、キャッシュフローの10年分までは借入れの余地があるということです。

この考え方は金融庁の検査マニュアルに記載されていた内容ですが、金融検査マニュアルが実質廃止となった現在も、どの金融機関もこの2つの判断基準を最重要な財務診断の指標と認識しています。

もちろん増収、増益で高い利益率を目指す計画は理想です

〈債務者区分の形式基準（イメージ）〉

債務償還年数

		10年	20年	30年	50年
自己資本プラス		正常先	要注意先	要管理先	要管理先〜破綻懸念先
自己資本マイナス	債務超過解消年数	要注意先 5年	要注意先〜要管理先		破綻懸念先
		要管理先〜破綻懸念先 10年			
		破綻懸念先〜実質破綻先		実質破綻先	

（出所）　筆者作成

が、金融機関はこの２点だけは維持してほしいと考えています。その重要度を事業者に理解させることが、融資を正常に受けるための第一歩といえます。

「正常な運転資金」とは何ですか。また、その資金手当はどのようなかたちでなされるべきですか

正常な運転資金とは事業を行う際に必要な所要運転資金であり、「売上債権（売掛金＋受取手形）＋棚卸資産－仕入債務（買掛金＋支払手形）」で表されます。その資金手当は当座貸越または手形の転がしで行われるべきです。

■ 正常な運転資金

融資判断において、資金使途はとても重要な要素です。Q52で取り上げた所要運転資金は、金融機関では「正常運転資金」という表現でその資金使途を理解しています。

この所要（正常）運転資金を図に示すと、次頁の図のようになります。

左側の①、②の部分は資金化されるのを待っている状態で、右側の③の部分は支払を待ってもらっている状態です。この差額、つまり④の部分を所要（正常）運転資金といいます。その面積は、資金化（入金）と出金のズレからくる資金過不足額を示しているといえます。この図のように、①の面積が②の面積より広い場合は、資金が不足しています。逆であれば、資金が余っていることになります。ほとんどの中小企業が前者（運転資金不足）に当たります。

〈所要（正常）運転資金〉

売掛金 （受取手形） ①	買掛金 （支払手形） ③
棚卸資産 ②	所要運転資金 （正常運転資金） ④

（出所）　筆者作成

■ 四角形の資金ニーズを三角形でまかなっている

　わが国の中小企業金融の特徴として、所要運転資金が正常な
融資形態で手当されていないことが多いと感じます。

　ここで重要なことは、この所要運転資金のかたちが「四角
形」をしているということです。売上が増えると、この四角形
の面積はどうなるでしょうか。当然面積は大きくなりますね。
その分資金も多く必要になるわけです。逆もしかりで、売上が
減少すると資金需要も減少します。

　また、「四角形」であれば高さが一定ですから（一定の資金需

要が経常的に発生している）、対応する融資は四角形の融資（元本を償還する必要のない融資）が適しています。つまり、当座貸越か手形の転がしが適正なのですが、金融機関はこの四角形の資金需要に三角形（元本を償還する必要のある融資）で対応しているケースが目立ちます。三角形とは、証書貸付で元本の返済が進む貸出形態です。

　元本の返済が進むと当然に早晩資金が不足するので、そのつど「三角形融資＝長期運転資金」で充当します。それを繰り返していると、何本も重なるように証書貸付が増え、返済額の合計額が年間のフリーキャッシュフローの何倍にもなってしまう長期漬けと呼ばれる状態になっているケースがよく見受けられます。営業キャッシュフローは十分にプラスで債務者区分が正常先中位であっても、資金繰りを苦しく感じる経営者が実は多いのはそのためです。

　皆が、これは健全とはいえない資金調達形態であるという認識をもつべきだと考えます。とりわけ、事業資金ニーズのなかには返済をしなくてもいい（そもそも返済が不能な）資金と返済が必要な資金があるという認識を、事業者の経営支援を担う認定支援機関である会計事務所等と金融機関が共有する必要があります。

　債務者区分の正常先上位には十分すぎるほどの当座貸越枠の提供がみられますが、正常先中位となると途端にリスクをとらなくなり、基本的には信用保証協会保証付融資となり、結果、長期資金となってしまう、こんな金融機関の貸出態度が長く続

いています。正常先上位は金利も低く、比較的資金も潤沢ですから、実質的な貸出増加、つまり金融機関の収益アップにはつながっていないのが実態です。

　正常先中位の取引先に対しても、正常運転資金には「正常な」融資を提供すべきです。正常運転資金には当座貸越、設備投資にはキャッシュフローに見合った長期での貸付に取り組むということです（Q54で詳説します）。正常先中位であれば、当座貸越の金利は高めでも受け入れられるはずですし、固定長期資金導入で他行からの参入を阻止、また、それらの借換え時のアレンジメントフィーの設定で収益アップをねらってみる好機だと思います。

　会計事務所等は金融機関がリスクをとれるように、中小企業に財務の実態を開示させ、精度の高い中期的な資金計画を金融機関に提出することを支援するといった連携が有効です。計画策定の支援で手数料収入が見込めるとともに、何より金融機関との連携強化が進みます。

　一方、今後、地域金融機関は債務者の分類が要注意先、破綻懸念先であっても正常な運転資金に対する融資については正常債権とみなすように貸倒引当金の見積方法を変更し、地域経済にリスクマネーを安定的かつ積極的に供給する姿勢が必要だと考えます。

事業者の資金繰りを改善するためには、資金調達の形態をどのように変えていけばいいですか

元本返済の必要がない所要運転資金は当座貸越などの短期継続融資で調達し、それ以外の要償還債務はキャッシュフローの範囲で元本返済できるように長期融資で調達すべきです。

■ 正常な融資の形態に向けた借換えの検討

Q53では、金融機関の所要運転資金に対する融資形態に課題があることを述べました。四角形の所要運転資金は四角形の融資で対応することにすれば、中小企業の資金繰りは大幅に改善されます。

では、三角形の融資はどのような資金にふさわしいのでしょうか。それは、金融機関が使う用語でいう「要償還債務」です。すべての借入金から「所要運転資金」を引いたものが、「要償還債務」です（Q52参照）。

安定した資金繰りのためにこの三角形の融資で重要となるのが、返済原資に見合う返済期間の設定です。返済原資は「経常利益＋減価償却費−法人税等」で計算します。要償還債務を返済原資で割ってみると、簡便な返済可能期間を求めることができます。もしこの期間に対応する長期資金が調達できれば、資金繰り対策はひとまず完了ということになります。

返済が不要な債務は短期継続資金で、返済が必要な債務はキャッシュフローの範囲内の長期資金で調達し、余裕をもって返済する——これが正常な融資のあり方だといえるでしょう。

　長期融資の返済期間が10年以内の期間であれば、金融機関も前向きに検討できるでしょう。一方、キャッシュフローからみて10年を超える（債務償還年数が10年超）ような状況となる場合は、債務者区分でいえば、要注意先となってしまう懸念もあるのですが、それが形式的なものかどうか、つまり、その債務は過去業況が厳しかった時期に積み上がった借入れであり、近況では財務状況が健全に推移しているようであれば、問題はないと判断して15年から20年の長期資金の導入を検討できるケースもあるのではないかと思います。実際にいくつかの地方銀行、信用金庫が、一部信用保証協会を絡めた当座貸越を設定し、要償還債務については余裕をもって15年から20年の長期融資への借換えを実行してくれたという事例が複数出てきています。

　ちなみに、こうした返済額に余裕をもたせる正常な融資形態への借換え（融資の組み直し）は、条件変更（リスケ）ではありません。新たな長期貸出を実行して、旧来の貸出を返済してしまう「借換融資」と呼ばれる融資ですから、金融機関との取引において何の問題もありません。会計事務所等や事業者が、返済負担が軽くなるような融資の「借換え」を実行すると、不良債権とみなされてしまうのではないかという間違った認識をもっている場合がありますが、そうではないのです。

■ 資金繰り安定後はプロジェクトごとにファイナンス（PF管理）

上記のような正常な融資形態を獲得できたら、その後は個別の資金需要（融資ニーズ）について適正な調達をしていくことで、資金繰りの安定を持続させることができます。新たな資金需要が発生した原因が設備投資なのか、増加運転資金なのか、その事由によってふさわしい調達方法を選択すれば、将来にわたって資金繰りは万全です。

この考え方をプロジェクトファイナンス（PF）といいます。増加運転資金であれば早めに短期資金枠の拡充を計画し、設備投資であれば投資回収の期間を7年程度に設定し、長期で余裕をもって借り入れる。こうした財務活動を繰り返すことで、資金繰りも安定し、債務償還年数の指標も悪化することはないはずです。

Q 55　認定支援機関による早期経営改善計画策定支援事業とは何ですか

事業者が資金繰りに窮することがないように、認定支援機関である会計事務所等と金融機関が連携して早期に経営改善計画を策定する場合に、策定支援を行う会計事務所等の専門家に対する支払費用の3分の2（上限20万円まで）を負担する国の補助事業です。

■ 早期経営改善計画策定支援事業とは

　早期経営改善計画策定支援事業は、通称プレ405と呼ばれています。事業者が資金繰りに窮することがないように、リスケとなる前に認定支援機関である会計事務所等と金融機関が連携して、借り手が早期に経営改善に取り組むことを支援するものです。そのための計画を策定する場合に、策定支援を行う会計事務所等の専門家に対する支払費用の3分の2（上限20万円まで、モニタリング費用を含む）を国が負担します。

　中小企業庁が公表しているパンフレットには、以下のような事業者が利用できるとされています。

・いまのところ返済条件等の変更は必要ないが、ここのところ、資金繰りが不安定だ

・（理由は）よくわからないが売上が減少している

・自社の状況を客観的に把握したい

・専門家等から経営に関するアドバイスがほしい

・経営改善の進捗についてフォローアップをお願いしたい

　従来からある経営改善計画策定支援事業（405事業）は、金融機関から返済条件緩和等の金融支援を受けることを目的として、金融調整を伴う本格的な経営改善計画を策定し、バンクミーティングを行うものです。

　これに対して、早期経営改善計画策定支援事業は金融支援を目的とするものではなく、事業者が早期に自己の経営を見直すための基本的な計画を策定し、金融機関に提出するものです。自己の財務状況の診断のために、ローカルベンチマークの活用が推奨されています。

■ この制度が必要な事業者とは

　この制度を利用する場合、まず金融機関からこの補助制度を利用することについての同意を得る必要があります（最初に事前相談書の入手が必要です）。その際に、金融機関からみてなぜ早期経営改善計画が必要なのかが明確でないと、金融機関の協力を得られず、同計画策定の効果が小さくなってしまいます。

　また、同計画書は会計事務所等が作成を支援し、金融機関に提出します。その後の実績報告（モニタリング）も金融機関に対して行います。ついては金融機関からみて有意義な計画（ピントのあった事業計画）を策定する必要があります。

　これまでの事例では、

・金融機関が融資を積極的に行えない財務上の課題がある事業

者が利用する場合

・新たな融資申込みの際に詳細な事業計画および精緻な資金計
　画が必要とされるために、専門家の支援を受けてこれを策定
　し、金融機関の審査に活用する場合

などのケースが金融機関から好評でした。

〈早期経営改善計画策定支援事業の概要〉

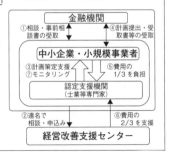

平成29年5月29日〜　早期経営改善計画策定支援
資金繰り管理や採算管理等の
早期の経営改善を支援します

専門家の力を借りて自己の経営を見直しませんか？
国が認める士業等専門家の支援を受けて資金実績・計画表やビジネスモデル
俯瞰図など早期の経営改善計画書を策定する場合、専門家に対する支払費用
の2/3（<u>上限20万円まで※</u>）を負担する事業を実施します。
※モニタリング費用を含む

> **特徴Ⅰ**
> ① 条件変更等の金融支援を必要としない、簡潔な計画です
> ② 計画策定から１年後、フォローアップで進捗を確認できます
> ③ 計画を策定することで自社の状況を客観的に把握できます
> ④ 必要に応じ本格的な経営改善や事業再生の支援策をご紹介します

ーこんな方にお勧めですー

今のところ返済条件等の変更は
必要ないが、
☐ここのところ、資金繰りが不安定だ
☐よくわからないが売上げが減少して
　いる
☐自社の状況を客観的に把握したい
☐<u>専門家等から経営に関するアドバ
　イスがほしい</u>
☐経営改善の進捗について<u>フォロー
　アップ</u>をお願いしたい

（利用イメージ図）

（出所）　中小企業庁の資料より

一方で、財務内容にまったく問題のない優良企業がこの制度を利用しようとしたら、金融機関は「なぜこの計画が必要なのか。そもそも融資に積極的に応ずるつもりなのに」と首をかしげてしまいます。金融機関がほしがる最も有意義な計画とは、企業が融資を受けにくい財務状況に陥った際に、直ちに改善目標を設定し、経営改善計画を金融機関に提出して融資の継続を依頼するものです。

　私どもでは、Q54で示した正常な融資形態への変更（短期継続資金、長期資金への借換え）を申請する際に、金融機関の担当者が稟議書に添付する事業計画書を作成するためにこの制度を利用しています。同計画書は、事業承継に関連したアクションプランも含めた中期的な経営計画として提出するようにしており、金融機関には非常に喜ばれる取組みとなっています。

　また、今後、事業承継時に経営者保証を不要とする融資を金融機関に依頼したけれども、解除に必要な所定の財務要件を満たさない場合には、要件を満たすための改善計画が求められますし、要件を満たす場合にも、将来も要件を維持できるかどうかを判断しうる計画を求められることがあります。それらの計画策定にあたり、この早期経営改善計画等の国の補助制度が利用できるようになるとのことです。

Q56 認定支援機関による経営改善計画策定支援事業（通称405事業）とは何ですか

経営改善計画策定支援事業（通称405事業）とは、金融機関から返済条件を緩和してもらう等の金融支援を受けることを目的として、そのために必要な経営改善計画策定に係る費用の3分の2を補助する国の制度です。

■ 経営改善計画策定支援事業（通称405事業）

経営改善計画策定支援事業（通称405事業）とは、経営改善計画策定に係る費用の3分の2を補助する国の制度です。「405事業」という通称は、制度開始当初の予算額（平成24年度補正予算）からきています。当時、会計事務所等の認定支援機関に対し、2万社程度のリスケ先の経営改善に専門家として関与してもらおうと、1件当り200万円を上限とした補助金（200万×2万件＝400億）および事業費を加えて合計405億円の予算が用意されたのです。

この補助金の対象となる費用は、①経営改善計画策定に係る費用と、②策定以後3年にわたるモニタリング機能と改善施策の実行支援機能のための費用に分けられます。最大300万円の費用に対して、その額の3分の2の最大200万円が補助されます。ただし、事業者の規模によって費用額の上限は異なります。次頁の図を参照してください。

〈費用負担の対象となる計画策定支援費用の総額の目安〉

中小企業の区分	企業規模	費用負担の対象となる計画策定支援費用の総額（モニタリングを含む）
小規模	売上1億円未満かつ有利子負債1億円未満	100万円以下（うちモニタリング費用は総額の1／2以下）
中規模	売上10億円未満かつ有利子負債10億円未満（小規模を除く）	200万円以下（うちモニタリング費用は総額の1／2以下）
中堅規模	売上10億円以上または有利子負債10億円以上	300万円以下（うちモニタリング費用は総額の1／2以下）

※平成25年7月10日以降、経営改善支援センターから受理通知を発行する申請案件が対象

〔中小企業区分の考え方〕

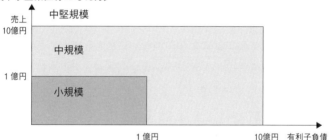

（出所）　中小企業庁「認定支援機関等向けマニュアル・FAQ平成30年7月18日改訂版」

■405事業利用の伸び悩み

　しかしながら、405事業は当初の期待ほど利用が伸びませんでした。残念なことですが、会計士、税理士の側に経営改善計画策定に係るリテラシーが浸透していなかったことが主因であ

ると思われます。私どもは経営改善計画についての研修、セミナーを数多く行っていますが、9割以上の先生方が「実抜・合実計画」「計画書作成による債務者区分のランクアップの緩和措置」を知らないのが実情です。これらのリテラシーが共有できないため、金融機関からすればピント外れの計画となり、仕方がないので金融機関職員が自ら計画書作成に取り組むしかないという状況が続いてきました。

　また、会計事務所等の405事業利用にあたっての最難関は、バンクミーティングです。バンクミーティングでは当然、金融に関する基礎知識や経営改善計画に関するリテラシーが必要です。バンクミーティングでは、認定支援機関である会計事務所等が、計画書作成と計画内容について金融機関と合意を形成できるまで支援することになりますが、関連する知識が不足していると合意形成までできず、バンクミーティングが不調に終わるなどの残念な事例も発生しています。これが苦い経験となり、以後、同制度の利用を敬遠するようになってしまったという認定支援機関の数が少なくないのが実情です。

　もっとも、取引金融機関ごとに担保の有無や返済猶予に至るまでの取引経緯により、返済猶予への対応の意識は異なります。その調整が必要となるわけですが、「金融調整」はあくまで事業者自らが行う必要があります。そのための必要な資料作成等を後方で支援するのが認定支援機関業務であり、認定支援機関が事業者の代理人のように行動すると非弁行為となるリスクがあることを認識しておく必要があります。

融資の条件変更（リスケ）と借換えはどのように違いますか

両者ともに返済負担を軽減する効果がありますが、借換えは信用力のある事業者に対する新たな融資であるのに対して、条件変更（リスケ）は新たな融資を受けられない事業者の既存の融資の条件を変更するものです。

■ リスケと借換えの違い

　通称「リスケ」とは、正式には「貸出条件の変更」です。条件変更といっても、問題なのは返済条件を緩和するために行う変更で、これを行うと貸出条件緩和債権となり、金融機関は原則不良債権として扱うことになります。金融機関はこの返済条件緩和を、リスケジュールの略称で「リスケ」と呼んでいます。

　会計事務所等にとって、わかりにくいのがリスケと借換えの違いです。たとえば、返済が厳しくなってきたので、その時点の借入残高を残り3年で返す予定だったのを5年の長期融資（証書貸付）に組み直してもらった場合、次頁の図のように毎月の返済負担が減少します。これによって、たしかに返済条件は緩和されています。これはリスケに該当しないのでしょうか。

〈借換えの例〉

もともと
1,500万円を5年間60回返済で借入れ　　25万円/月の返済

2年後に資金繰りが厳しく（借入残高900万円）、
900万円を5年間60回返済に組み直し　15万円/月の返済

（出所）　筆者作成

　しかし、これはリスケ（条件変更）ではありません。組み直した後の融資は新たに取り組む融資であり、その融資によって既存の融資残高をすべて返済してもらいますので、これは「借換融資」といってなんら問題のない正常な融資です。こうした借換えができるのは、事業者に信用があるからです。借換えをしたとしても返済ができそうもない場合は、条件変更＝リスケの適用検討となります。

　リスケと借換えとの違いは、新たな融資契約を結ぶかどうか、このケースでいうと証書貸付契約を新たに金融機関と結ぶかどうかによるのです。条件変更＝リスケでは新規の融資契約ではなく、金融機関と「条件変更契約」を取り交わします。契約書は基本的には半年の期限となっているため、半年ごとに条件変更契約書を取り交わします。キャッシュフローの改善状況をみながら、半年ごとの返済額を金融機関と相談しながら見直していきます。これがリスケと借換えの大きな違いです。

〈条件変更（リスケ）と借換えの違い〉

呼称	リスケ（条件変更）	借換融資
内容	・原則6カ月（1年）の間、金融機関ごとに公平に按分返済（プロラタ）を行う ・条件変更契約書を取り交わす ・半年ごとの更新手続となる	・返済負担軽減のため、たとえば、残存期間3年をより長期の5年に借り換えるようなケース ・契約書は新たな証書貸付であり、条件変更とは呼ばない

（出所） 筆者作成

Q 58　借入金の条件変更（リスケ）はどのように行ったらいいですか

まずメインバンクに相談します。メインバンクからの要求に応じて、経営改善計画を提出し、必要な場合にはバンクミーティングを開催します。

■ 資金繰りに窮した場合は早めの相談を

　事業者の資金繰り状況によっては、借入金の条件変更（リスケ）を検討しなければいけないケースも出てきます。

　返済を止めること（減額すること）は、経営者にとって大きな不安となります。「リスケをしたらどうなるのだろうか」「預金口座は差押えになるのか」「クレジットカードは使えなくなるのだろうか」などとリスケに対して過剰に不安を覚えることから、経営者はすがるように、できる限り資金調達を続けようとするでしょう。

　そうなると、最後にリスクをとってくれた金融機関に大きな迷惑をかけることになります（金融機関では、新規貸出を行ってから3カ月以内に条件変更となった場合、どんな融資判断をしたのかと支店長以下に厳しいペナルティが科されるのが一般的です）。

　リスケをしても、なんら事業活動に差障りが出るわけではありません。ただし、新規融資が受けにくくなるというリスクが存在します。ついては、リスケを依頼する場合には、資金調達

ができなくなることを見越したうえで、このままだとリスケを適用せざるをえないという相談を早めにメインバンク等に行うことが重要です（資金不足となる半年前くらいがベスト）。

■ リスケにはルールがある

リスケを検討する場合、まずはメインバンク（リスケを依頼する時点で融資残高が最も大きい取引金融機関）に相談をします。メインバンクがリスケに応じる場合、他の取引金融機関も追随して応じるという共通認識があります。

メインバンクに相談すると、必要に応じて本格的な経営改善計画書の提出や、その計画の説明と関係する金融機関の合意形成のためのバンクミーティングの開催が要求される場合があります。

会計事務所等の認定支援機関がこれらの本格的な計画の策定支援をする際には、経営改善計画策定支援事業（通称405事業）を利用できます。

リスケの際の原則的なルールとして、次の３つを押さえておきましょう。

(1) 半年ごとにキャッシュフローに鑑みて返済額を見直し、条件変更契約の更新を行う

リスケに応じているすべての金融機関との間で、条件変更契約を半年ごとに取り交わします（契約日付もあわせます）。キャッシュフローの改善が見込まれる場合は、毎月の返済額の増額も検討します。

⑵ すべての金融機関に対して、返済額を残高比例で按分
（プロラタ返済）

リスケ期間中は、事業者の返済可能額をその時の融資残高で
比例按分して、金融機関ごとに割り当てるのが原則となりま
す。これをプロラタ返済（プロラタはラテン語で按分という意
味）といいます（下図参照）。

⑶ 実抜計画、合実計画の意味を理解する

リスケとなると原則、条件緩和債権となり、不良債権となり
ます。

その際、金融庁が認めている緩和措置として、5年以内（中
小企業は10年以内も可）に正常先または要注意先の形式基準ま

〈プロラタ返済の例〉

条件変更（リスケ）前		
金融機関	借入残高	毎月返済額
A銀行	12,000万円	200万
B銀行	5,000万円	300万
C銀行	3,000万円	0万
合計	20,000万円	500万

リスケ後の返済
（プロラタ返済）
のイメージ

条件変更（リスケ）後		
プロラタ返済		
金融機関	毎月返済額	残高シェア
A銀行	18万円	60.0%
B銀行	7.5万円	25.0%
C銀行	4.5万円	15.0%
合計	30万円	100.0%

（出所）　筆者作成

で改善が進むような計画書が作成できれば（例：債務超過の解消と債務償還年数が10年未満となる改善目標が達成できれば正常先となる）、債務者区分は維持または上昇するというルールがあります。

　つまり、原則は適用せず、不良債権としなくてもいいというルールです。

　5年で達成する計画を実抜計画、10年で達成する計画を合実計画と呼びます。詳しくはQ59で解説します。

いずれも中小企業に対する貸出金が不良債権（条件緩和債権）になることを避けるために策定が必要となる経営改善計画のことです。

■ 経営改善計画によるランクアップ

　金融機関にリスケを適用してもらうためには、「経営改善計画」の提出が必要です。なぜかというと、本来は返済猶予となった場合には原則は不良債権（条件緩和債権）となり、金融機関には多くの貸倒引当金が発生して財務内容が悪化するという問題が生じるのですが、経営改善計画があれば不良債権とはしないというルールがあるからです。

　これは、「経営改善計画によるランクアップ」と呼ばれています。経営改善計画は、どんな内容でもよいわけではありません。計画の策定方法には、ルールがあります。基本的には「実抜計画」と「合実計画」という2つの種別があり、どちらかであればランクアップが認められます。

　その違いは、5年以内に改善が達成できる計画なのか、10年以内に改善が達成できる計画なのかという期間軸の違いです。

　そして、この2つに該当する計画は、正式にはそのタイトルを経営改善計画ではなく、「事業再生計画」として提出する

ルールとなっています。

　実抜計画、合実計画、どちらでもランクアップが認められる計画書なのですが、金融庁は以下のように2つの計画の定義を詳細に説明しています。

■ 実抜計画とは

　「実現可能性の高い抜本的な経営再建計画」の略称で、内容は次のように説明されています。

(1)　「実現可能性の高い」とは、以下の要件をすべて満たす計画であることをいいます。

・計画の実現に必要な関係者との同意が得られていること

・計画における債権放棄等の支援の額が確定しており、当該計画を超える追加的支援が必要と見込まれる状況でないこと

・計画における売上高、費用および利益の予測等の想定が十分に厳しいものとなっていること

(2)　「抜本的な」とは、おおむね3年（債務者企業の規模または事業の特質を考慮した合理的な期間の延長を排除しない。つまりは5年程度までは認容できる）後の当該債務者の債務者区分が正常先となることをいいます。

■ 合実計画とは

　「合理的かつ実現可能性の高い経営改善計画」の略称で、内容は次のように説明されています。

(1)　経営改善計画等の計画期間が原則としておおむね5年以内

であり、かつ、計画の実現可能性が高いこと。なお、中小企業の場合は、5年を超えおおむね10年以内とされています。

(2) 計画期間終了後の当該債務者の債務者区分が原則として正常先となる計画であること。ただし、金融機関の再建支援を要せず、自助努力により事業の継続性を確保することが可能な状態となる場合は、要注意先であってもさしつかえない。

(3) すべての取引金融機関等において、支援を行うことについて、正式な内部手続を経て合意されていることが文書その他により確認できること。

(4) 支援の内容が、金利減免、融資残高維持等にとどまり、債権放棄、現金贈与等の債務者に対する資金提供を伴うものではないこと。ただし、すでに資金提供を行い、今後は行わないことが見込まれる場合、および今後債務者に対する資金提供を計画的に行う必要があるが、支援による損失見込額を全額引当金として計上ずみで、今後は損失の発生が見込まれない場合を含む。

■計画期間終了後には正常先となることが必要

実抜計画、合実計画の策定で重要なポイントは「計画年度終了時点で債務者区分が原則として正常先となる計画」でなければならないということです。これが、不良債権となることを避け、リスケ後、金融機関からの弾力的な金融支援を受けることができる根拠です。

リスケ適用時に必要となる計画に記載されるべき達成目標の

具体的な指標としては、正常先の形式基準とされる

①　債務超過が解消できること

②　債務償還年数が10年未満となること

　この2点が最重要であることを繰り返し述べておきます。

Q 60　リスケから卒業して、新たな融資を受けるためにはどうすればいいですか

キャッシュフローの改善が進み、毎月の返済が増額されて相応に返済が進んだ後、借入れの総額とその時点のキャッシュフローの関係をみて、既存の借入金を10年から15年の新たな長期借入れに切り替えることができれば、リスケから卒業したことになります。

■ 金融機関はリスケの繰り返しを嫌う

バンクミーティング等を経て、取引金融機関の金融支援が決まると、3年程度のモニタリング期間が始まります。この期間中は、3カ月または6カ月ごとに経営改善計画の進捗をチェックします。経営改善計画に対する達成度は100％が望ましいのですが、最悪でも80％を割り込まなければ、計画自体の見直しは不要という考え方があります。

また、金融支援を決めた金融機関のスタンスとしては、返済猶予をする限りは無理をせず、現実的な計画に沿った着実なキャッシュフロー改善を望んでいます。その可能性が見込まれる限り、リスケの継続は認められるといえます。

重要なのは、金融機関が「卒業をしても、再度リスケ状態に戻ってしまうことだけは避けたい」という思いをもっているということです。経営改善計画書には改善のスケジュールを記載

するわけですが、仮に計画どおりに進捗しなかったとしても、経営者が危機意識をもって改善に取り組んでいる姿勢をみせていきたいものです。

■ リスケからの卒業方法

さて、リスケからの卒業方法ですが、キャッシュフローの改善が進み、毎月の返済が増額されて相応に返済が進んだ後、借入金の総額とその時点のキャッシュフローの関係をみて、プロラタ返済の状況から、10年から15年の新たな長期借入れに切り替えることができるかどうかを見定めることになります。

前述したように、慌てる必要はありません。安定したキャッシュフローが見込まれる段階で、余裕をもった卒業の資金計画を策定すればよいのです。

卒業させてよいかどうか、どのような借換融資で卒業支援を行うのかについては、金融機関によって判断基準が異なる場合がありますので、卒業の資金計画策定にはバンクミーティング等による金融調整が必要となります。実際の現場では、卒業支援に積極的な金融機関が、卒業させることに消極的な金融機関の借入金を取り込んだ借換融資を行い、卒業時には金融機関取引が再構築されるということも起こります。

もし卒業が認められなくても、経営を継続することはできますので悲観することはありません。しかし、新たに融資を受ける道が断たれる（まったく断たれるというわけではありません）などのデメリットは大きいので、経営者はリスケの更新を続

け、いつかは借換えによって金融取引を正常化する道を目指す
べきです。

金融検査マニュアルが廃止されたことにより、中小企業融資のあり方は変わりますか

マニュアル廃止後の金融庁検査の考え方は、今後は地域金融機関がそれぞれの経営環境（顧客特性、地域経済の特性、競争環境等）のなかで自らの個性、特性に即した具体的な経営戦略、経営計画、融資方針など打ち出し、どのようなビジネスを展開していくのかについては多様性があって当然としています。したがって、融資への取組姿勢の強弱は、金融機関ごとに、また事業者とその金融機関の関係性によって差が生じてくることが考えられます。

■ 信用リスクの取り方には金融機関ごとに多様性があってよいとする目線

　金融検査マニュアル廃止後の検査・監督を行う際の基本的な視点が令和元年12月に公表された「検査マニュアル廃止後の融資に関する検査・監督の考え方と進め方」に記載されています。これによると、

① 金融機関が自らの経営理念を出発点として、これと整合的なかたちで経営戦略や各方針を策定し、それに即したかたちでの将来を見通した信用リスクの特定・評価や、自己査定・償却・引当への反映を行うこと

② 融資について、担保・保証からの回収可能性だけでなく、将来のキャッシュフローに基づく返済可能性にも着目して金融仲介機能を発揮すること

とされています。

■ 検査マニュアルの問題点

令和元年12月18日に金融庁の検査マニュアルが廃止されました。検査マニュアルは、金融庁の検査官の手引書として位置づけられ、金融機関がマニュアルを参照して自らの方針や内部規定を作成することに期待するというものでした。

検査マニュアルの特徴は、金融行政の考え方を詳細に示さずに、つまり数値基準的なことは示さずに、方法論を示していることです。金融機関自身で経営方針にのっとった判断基準を設けよという方針でした。そうなると、どうしても保守的に最低基準を設定しようとする傾向が主流となりました。

検査マニュアルは、金融危機の時代には最低限のリスク管理態勢、法令遵守・顧客保護態勢を確立するうえで、大きな役割を果たしたといえます。しかし、平成14年からの長きにわたり、マニュアルを用いた定期的な検査が反復された結果、次のような懸念が表出してきました（金融庁「金融検査・監督の考え方と進め方」(平成29年12月) 参照）。

・チェックリストの確認が検査の焦点になり、検査官による形式的・些末な指摘が助長され、実質や全体像が見失われる。

・金融機関がチェックリストの形式的遵守を図り、自己管理の

形式化・リスク管理の「コンプラ化」につながる。

・最低基準さえ充足していればよいという企業文化を生む。

・検査マニュアルに基づく過去の検査指摘が、環境や課題が変化したにもかかわらず、暗黙のルールのようになってしまう。

・検査マニュアル対応を念頭に策定された金融機関の詳細な内部規定が固定化し、行内において自己変革を避ける口実として用いられたり、創意工夫の障害となったりする。

このような問題点が認識されるに至り、金融庁は今回のマニュアル廃止を決めたようです。それでは、マニュアル廃止後の地域金融機関の経営方針としては、どのようなものが期待されるのでしょうか。

■ 金融機関の経営への影響
——地域金融機関が地域経済にリスクマネーを提供しやすい環境づくりが進む

地域経済が縮小すれば地域金融機関も運命共同体であることはもちろん、これからの地域金融機関の存在意義は、自らが金融機関として成長したのは地域経済のおかげとして、その恩返しを行うことだと思います。

具体的には以下のような取組みを推進することが考えられます。その信用リスクが仮に大きなものであっても、金融庁はそれを問題としない、むしろ顧客から評価され、新たな収益の柱となりうるものと評価するということだと思います。

・地域での創業支援と資金供給（創業塾の開催や政策公庫を補完する制度融資の設計）

・業績が悪化した地元のコア先の再生を積極的に支援していく。ならびに地場産業全体への総合的な支援をどのように行うかの戦略をメインフレームとする（再生支援機能の強化が必要）

・地域の中小企業に対する支援を継続する覚悟を明示し、融資シェアアップを指向する（逃げないメイン銀行になって関係を強化する一方で、企業の実態を深く把握する）

・正常運転資金の実態をあぶり出し、短期継続資金枠の提供を推進する（運転資金実態の目利き力の強化が必要）

　一方で、金融庁は、地元では人口減少が進んでいるが、不動産賃貸業者向け貸出の割合を高めたり、余資運用のために大都市圏への越境貸出を拡大したりしているような場合は問題視するという方針なのだと思います。

■ 地域金融機関の貸出実態からみる今後の展望

　CRD（Q62参照）を代表とするスコアリングモデルの運用経験の蓄積から、財務格付を軸としたシステマティックな融資のほうが結果としてデフォルトリスクを削減でき、また融資判断における個人責任を問われないという点もあり、財務格付上位に融資が集中し、過度な低金利競争による地域金融機関同士の体力消耗戦が続いています。そして、その結果、格付下位層の中小企業にリスクをとった融資が行われないという構造的な貸

出態度を、金融庁は「日本型金融排除」と評して問題視してきました。

　今後の地域金融機関の経営戦略としては、中小企業融資をコスト部門としてとらえ、支店機能を含め国内融資業務を縮減していくか、メガバンクが中小企業融資から撤退する方針のなかで、ミドルリスクを受け入れることができるようにビジネスモデルの変革を進め、国内融資を拡充するのかどちらかの選択を迫られることになるでしょう。

　前者であれば、フィンテックや個人ローン業務への注力が戦略として浮かびますが、その分野は競合、障壁も多く、厳しい環境となるでしょう。後者であれば、リスクをとれない金融機関が存在意義を失い、淘汰、吸収され、オーバーバンキングといわれる国内の金融機関数、店舗数が減少し、中小企業融資の需給バランスが調整されていくのではないかと思います。

　きちんとリスクテイクをして、そのぶん金利を高めにとるためには、形式的な財務分析だけではなく、企業とのコミュニケーションを通じた実態把握が重要となります。しかし、至極当たり前のことですが、現状の地域金融機関は、リスクオフを重視するあまり異常な貸出金利の低下に苦しんでいます。

Q 62　CRDとは何ですか

全国の信用保証協会、政府系金融機関、民間金融機関が参画して構築した、国内最大の中小企業の信用情報データベースです。平成29年より経営支援の専門家も一部サービスの利用が可能となっています。

■ CRDとCRDスコアリングモデルの特徴

CRDとはクレジットリスクデータベースの略で、全国の信用保証協会、政府系金融機関、民間金融機関が参画して構築した、国内最大の中小企業の信用情報データベースです。一般社団法人CRD協会によって運営管理されています。

CRDには毎年100万社超、累計で1,900万件を超える中小企業法人の決算データが蓄積されており、ビッグデータといえます。そして現在では、全国の信用保証協会における保証料率決定や、参画している金融機関の財務格付決定などに利用されています。

CRDスコアリングモデルの特徴は、貸出のデフォルトデータと企業の財務諸表の推移との関連性を分析することで、どういった指標がどのような推移をすると企業はデフォルトを起こしやすいのかなど、財務情報が発するシグナルを読み取ることにあります（次頁の図参照）。

地方創生を管轄する内閣府のまち・ひと・しごと創生本部より、ビッグデータを金融機関の融資判断だけに使うのではなく、地方経済の活性化にも利用してほしいとの政策協力要請があり、CRDは平成29年より民間に一部のサービスが開放されています。とはいっても、原則として経営支援の専門家（会計士、税理士、中小企業診断士など）に対しての開放です。

〈CRDのスコアリングモデル〉

① デフォルト率と１つの財務指標との関係

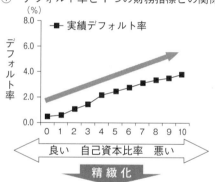

② デフォルト率を複数の財務指標の組合せで説明

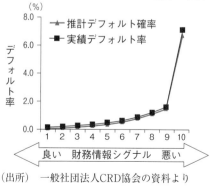

（出所）　一般社団法人CRD協会の資料より

■ 人間ドックならぬ企業財務ドックとして利用を

　CRD協会のサービスメニューに、中小企業経営診断システム（略称McSS：Management consulting Support System）があります。これは、CRD会員である信用保証協会、金融機関と、認定支援機関である会計事務所等が、取引先中小企業の経営財務の改善に活用できる財務診断ツールです。

　「McSS」は、CRDスコアリングモデルに基づく財務診断を行うサービスで、中小企業が長生きするための秘訣を教えてくれます。健康管理のため、年に1度は人間ドックを受けている経営者は少なくありません。同様に企業の健康診断（企業財務ドック）を決算時ごとに「McSS」で実施し、企業財務の健康状態の把握を行うよう経営者に促してはどうでしょうか。また、金融機関としては、メイン融資先にこの健診を推奨してはどうでしょうか。貸し手、借り手が健康状態を共有するイメージです。

　こうした取組みは、金融庁の示す「金融仲介機能のベンチマーク」における共通項目である「取引先企業の経営改善や成長力の強化」のなかの共通ベンチマーク「経営指標の改善や就業者数の増加がみられた取引先数、融資額の推移」への対応ともなるのではないでしょうか。

Q63 McSSのサービス内容はどのようなものですか

CRDスコアリングモデルに基づき、事業者の信用力を偏差値で把握できます。また、最長10年先までの偏差値の推移の予測が示されます。

■ McSSシステムの内容

　CRDは会員向けにいろいろなサービスを提供していますが、平成29年5月より民間に開放されたのはMcSSという経営診断システムです。

　企業の財務データから信用度合いを示す偏差値が把握できるシステムとなっていて、このシステムを利用した財務分析ツールは年間3,300円のライセンスフィーを支払えば利用が可能となります。診断＋計画シミュレーションなどすべてのサービスを利用しても、1件当り7,000円程度という格安の料金設定となっています。現状診断だけならば3,600円で受けられます。

　金融機関が300万円の年間利用料を支払っていることに比べれば、利用促進がおおいに期待できる料金設定です。人間ドックの料金なら数万円は必要ですから、自社の健康診断にかける費用として考えれば安価だといえるでしょう。

　ここでは、数あるMcSSのサービス機能のなかでも特に重要と思われる分析サービスを2つ取り上げて概説しましょう。

■ McSS経営診断報告書

　CRDモデルによる総合評価により、信用力を偏差値で把握できます。さらに偏差値で区切ってAからEまでのランクも表示されます。偏差値43以上をデフォルトしにくい企業群とし、そのデフォルトしにくい企業群をAからCの3ランクに分けて表示します。偏差値37から42は財務内容が「注意」（ランクD）とされ、36以下は「要改善」（ランクE）とされています（AからEまでのランクと偏差値の対応関係はMcSSの利用データの更新等により変更されることがあります）。

　この5つのランクをさらに細分化すると、金融機関が採用している財務格付1から9のランクに当てはめて考えることができます。その結果、「財務格付の推定」ができることになります。これまで企業側には非開示とされてきたこの財務格付が、専門支援機関を通じてではありますが、企業側自らが把握できるようになったわけです。

　また、偏差値向上の足を引っ張っている、いわゆる弱みとなっている財務指標を順に並べて表示する機能もあります。弱みを優先して改善することが、財務格付アップへの近道なのです。

■ 将来シミュレーション

　将来シミュレーションでは、最長10年先（273頁以下の例では5年で設定）までの将来の予測貸借対照表・損益計算書を作成

し、将来の偏差値推移を予測することができます。つまり、現状の財務の弱みを確認し、その弱みをどの程度改善すればどのように偏差値が向上するかをシミュレートし、信用度（格付）アップの度合いが計測できるのです。

　加えて「妥当性チェック」という機能も付加されていて、計画数値の設定が同業種と比較して逸脱した水準の数値になっていないかのチェックもできます。計画の実現可能性の判断に有効なツールです。

〈McSS経営診断報告書の例〉

McSS 経営診断報告書

貴社名：CRD工業株式会社

【CRDモデルによる総合評価結果】

CRD法人2015年決算データ（2018年2月末時点）

ここでは、貴社の決算書をCRDモデルで評価し、全国約100万社の中小企業における貴社の信用力の位置づけをCRDランク（A～E）および偏差値で表しています。偏差値は高いほど信用力が高いことを示します。また順位は業種内・都道府県内・売上規模区分内での貴社の順位を示します。

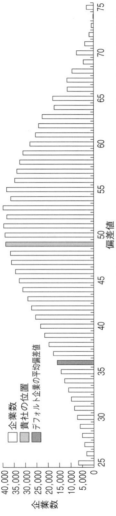

決算期	CRDランク（A～E）	貴社偏差値	デフォルト企業平均偏差値	輸送用機械器具製造業企業群での順位	東京都企業群での順位	同売上規模企業群での順位 売上規模区分	順位
2016/03期（12ヵ月）	C	49	36	5,170位（8,066社中）	83,490位（152,020社中）	1億円超3億円以下	164,947位（265,907社中）
2015/03期（12ヵ月）	D	41	36	6,725位（8,066社中）	119,736位（152,020社中）	1億円超3億円以下	219,593位（265,907社中）
2014/03期（12ヵ月）	D	40	36	7,052位（8,066社中）	126,957位（152,020社中）	1億円超3億円以下	230,365位（265,907社中）

（出所）一般社団法人CRD協会の資料より

〈将来シミュレーション結果の表示〉

【CRDモデルによる総合評価結果】

ここでは、貴社の現状および予測の決算データをCRDモデル評価させていただき、全国の中小企業における貴社の信用力の相対的な位置づけをCRDランク（A〜E）および偏差値で表しています。偏差値は高いほど信用力が高いことを示しています。また順位は業種内・都道府県内・売上規模区分内での貴社の順位を示しています。

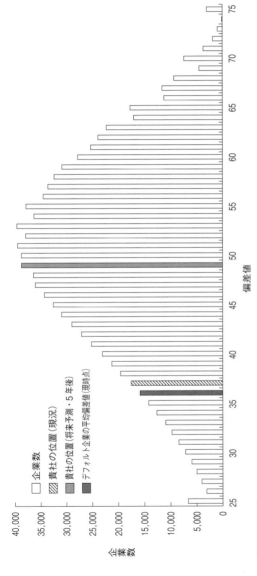

凡例：
□ 企業数
▨ 貴社の位置（現況）
▨ 貴社の位置（将来予測・5年後）
■ デフォルト企業の平均偏差値（現時点）

（縦軸）企業数：40,000／35,000／30,000／25,000／20,000／15,000／10,000／5,000／0

（横軸）偏差値：25　30　35　40　45　50　55　60　65　70　75

（次頁に続く）

（前頁の続き）

決算期	CRDランク (A〜E)	貴社偏差値	デフォルト企業平均偏差値	輸送用機械器具製造業企業群での順位	東京都企業群での順位	同売上規模企業群での順位	
						売上規模区分	順位
2015/06期 (12カ月)	D	41	36	6,750位 (8,066社中)	120,482位 (152,020社中)	1億円超 3億円以下	220,759位 (265,907社中)
2016/03期 (12カ月)	C	49	36	5,170位 (8,066社中)	83,490位 (152,020社中)	1億円超 3億円以下	164,947位 (265,907社中)
1年後	C	50	36	4,832位 (8,066社中)	77,038位 (152,020社中)	1億円超 3億円以下	154,774位 (265,907社中)
2年後	B	55	36	3,075位 (8,066社中)	47,396位 (152,020社中)	1億円超 3億円以下	106,213位 (265,907社中)
3年後	B	57	36	2,235位 (8,066社中)	34,443位 (152,020社中)	1億円超 3億円以下	82,673位 (265,907社中)
4年後	A	59	36	1,722位 (8,066社中)	26,872位 (152,020社中)	1億円超 3億円以下	68,183位 (265,907社中)
5年後	A	59	36	1,722位 (8,066社中)	26,872位 (152,020社中)	1億円超 3億円以下	68,183位 (265,907社中)

注）決算月数が12カ月以外の場合、12カ月換算したうえで売上規模区分を判断しています。
（出所）一般社団法人CRD協会の資料より

Q64 財務格付をアップするためのポイントは何ですか

(1)資産は小さく、(2)自己資本は厚くし、(3)キャッシュフローを最大化することです。

■ 財務格付向上を自己目的化しない

　金融機関以外の経営支援の専門家もMcSSを利用して金融機関が付与する財務格付を推測できるようになったわけですが、CRDによる経営診断システムの評点（偏差値）を上げることが、貸出金利の引下げや、より多額の融資を獲得することにつながるという考え方は、このモデルの健全な利用方法とはいえません。

　McSSに搭載されているCRDスコアリングモデルの特長は、中小企業の過去の財務推移とデフォルトデータの関連性を分析し、その企業がつぶれやすい財務体質なのか、つぶれにくい財務体質なのかの判断が示されることです。偏差値を上げることで企業の事業継続性が向上するという考え方を、基本としましょう。その結果として、そのモデルを共有している金融機関がリスクに応じた貸出を提供してくれるのだという正しい因果関係を事業者に伝えましょう。

■ 目指すべき財務体質

　さて、そうした正しい考え方をもとに、つぶれない財務体質の構築、すなわちこのモデルの偏差値を高めるために、中小企業はどのような財務を目指すべきなのかを簡単に説明しましょう。主なポイントは、次の3つです。

(1) 資産は小さく

　資産は小さいほうが評価は高くなります。同業種に比べて在庫の水準や売上債権の規模が大きいことはマイナス評価となります。その他流動資産などの科目は資産性が乏しいと判断されますので注意が必要です。私はこのスコアリングモデルを人間ドックのような企業の健康診断にたとえていますので、仮払い、貸付金勘定などを将来重篤な病気となる原因である脂肪肝にたとえ、これらを減らすように指導しています。資産を小さくすることで、自己資本比率や総資産利益率などの指標もよくなります。

(2) 自己資本を厚く

　債務超過はいうまでもなく、資本欠損などで自己資本に厚みがない場合も評点が低くなります。つぶれにくい体質づくりのためには、まずは自己資本比率10％以上を目指したいところです。それまでは節税は後回しとし、積極納税、内部留保増加を優先するよう指導しています。

　その結果、金融機関との取引も安定し、資金調達も円滑になり、流動比率等の指標も向上します。

⑶ キャッシュフローを最大化する

中小企業の経営指標のなかで最も重要なのは、フリーキャッシュフローです。

フリーキャッシュフローとは、営業キャッシュフローと投資キャッシュフローを足した数値です。すなわち、営業活動で稼いだキャッシュから事業を維持するための投資金額を差し引いた残りのことで、企業が自由に使うことができるキャッシュのことです。フリーキャッシュフローがプラスであれば、それを借入金返済に充当することができます。営業キャッシュフローは簡便に、「経常利益＋減価償却費－法人税等」で求められます。

債務償還年数という借入金が多すぎるかどうかを示す指標は、スコアリングモデルに大きな影響を与える指標です。この計算式は、

$$\frac{有利子負債 - 正常運転資金}{経常利益 + 減価償却費 - 法人税等}$$

となっています。

これが少ないほど安全と評価され、評点が高くなります。そして、この数値が10以上になると、借入れが過大で要注意であるといわれます。もし10を超えている、または超えそうな水準にある場合は、財務改善の取組みが必要です。

しかしながら、この計算式の分子にある（有利子負債－正常運転資金）は、簡単には減らすことができません。一方、分母の営業キャッシュフローは、営業努力で増やすことができま

す。そこで、具体的に債務償還年数が10以上とならないようにするという経営数値の目標設定が可能です。これは、金融機関との取引にも影響が出る重要な指標です。

　実は中小企業の財務では、借入金の金額自体は問題ではありません。借入金額に対して返済原資であるフリーキャッシュフローが十分にあれば問題がなく、つぶれない財務体質として評価されるのです。

【著者略歴】

小寺 弘泰（こでら　ひろやす）

関西大学卒。平成3年大垣共立銀行入行、平成12年同行退社。平成13年株式会社プロシード設立、平成26年税理士法人H&Pをグループ化、平成27年社労士法人H&Pをグループ化。株式会社エフアンドエムのアドバイザー、経営革新等支援機関推進協議会（全国で約900の会計事務所を組織）のエグゼクティブプロデューサーも務める。信用金庫、地銀、税理士会支部、保険会社での認定支援機関実務に関する講演実績多数。1級ファイナンシャル・プランニング技能士。

認定支援機関実務ハンドブック【第3版】

2021年10月14日　第1刷発行
（2019年1月23日　初版発行）
（2020年6月11日　第2版発行）

　　　　　　　　　著　者　小　寺　弘　泰
　　　　　　　　　発行者　加　藤　一　浩

〒160-8520　東京都新宿区南元町19
発　行　所　一般社団法人 金融財政事情研究会
企画・制作・販売　株式会社きんざい
　出版部　TEL 03(3355)2251　FAX 03(3357)7416
　販売受付　TEL 03(3358)2891　FAX 03(3358)0037
　URL https://www.kinzai.jp/

校正：株式会社友人社／印刷：三松堂株式会社